초급편

Elementary Japanese

헬로 일본어

김원호 지음

UUP.

헬로일본어(초급편)

- 2015년 2월 20일 초판 인쇄
- 2015년 2월 25일 초판 발행
- **지은이** 김원호
- **펴낸이** 이 철
- **펴낸곳** UUP(울산대학교출판부) 680-749 울산광역시 남구 대학로 93(무거동) 울산대학교 출판부
- 전화 (052)259-2488 팩스 (052)277-3011 • **홈페이지** http://uup.ulsan.ac.kr
- **출판등록** 제370-1996-000001호(1996.3.13.)
- \ 11,000

ISBN 978.89.7868.362.3 (94730)

머리말

현해탄 너머는 이웃나라 일본이 있다. 우리와는 지리적으로 가까워 역사적으로 무궁무진한 왕래가 있었다. 좋은 일도 있었지만 그렇지 않은 일도 있었다.

자고로 이웃에 사는 나라나 이웃에 사는 사람들과 상호 친밀히 지내야 하는 것은 너무나 당연한 일이다. 최근의 TV 오락프로에 나오는 한일 사이에 태어난 귀염둥이 '사랑이'의 출연이 장안의 화젯거리로 매우 흥미로워 보인다. 그 꼬마아이가 보여주는 귀여운 행동에 한일국민들 모두는 매우 즐거워하면서 공감을 하는 것 같다. 한일관계가 아무쪼록 이와 같은 선린의 분위기가 조성되었으면 한다.

그러한 분위기를 조성하기 위해서는 무엇보다 양국에 대한 서로간의 이해와 관심이 절실히 필요할 것으로 생각한다. 이러한 의미에서 그 나라의 언어인 한국어와 일본어에 대한 서로간의 학습은 너무나 당연하다고 생각한다.

이번 기회에 저자가 오래 동안의 강의 경험을 바탕으로, 일본어학습의 모든 내용을 상세하고 충실하게 담았으며 또한 효율적으로 편집 구성하여 『헬로일본어(초급편)』이라는 서명으로 세상에 내 놓게 되었다.

최근 한일 양국에서 너무나 잘 알려진 가왕 조용필의 히트곡 '헬로'라는 새로운 풍의 밝은 음악이 나왔다. 한일 양국어로 동시에 발매되었는데 그 일본어 가사를 잘 들어보면 '아침, 낮, 저녁, 매일 언제라도 만나러 갈게, HELLO ….' 라는 재미나고 의미있는 문장표현을 발견할 수 있다.

외국어 학습이라는 관점에서도 언제 어디서나 꾸준히 공부해야 한다는 취지에서, 본서의 서명을 친숙하게 『헬로일본어』로 명명해 보았다.

그것은 한편으로 미래의 한일관계에 좋은 파트너십으로 맺어지기를 바라는 마음에서, 그리고 양국의 선린관계가 오래 동안 계속 이어지기를 바라는 마음에서 제호하였음을 밝혀둔다.

본서는, '헬로일본어(입문편)'에 계속 이어지는 어학서이다. 이미 26시간을 학습한 사람들에게 사용되는 텍스트로 어휘, 문법, 독해, 회화 등의 학습을 동시에 행할 수 있는 종합적인 성격을 띤 독창적인 어학서이다.

외국어 학습에 있어서 중요한 것은, 어떻게 머릿속에 잘 정리하느냐가 관건이다. 즉, 얼마만큼 어학학습 방법서가 잘 요약 설명되어 있는지에 따라 달라진다는 것이다. 학습효과는, 가르치는 사람이 어떻게 요약하여 이해시키고, 또한 배우는 사람이 어떻게 정리하여 공부하는가에 달려있는 것이다. 아마도 그러한 방법은 어떤 학문을 대상으로 하더라도 마찬가지일 것이다.

본서 『헬로일본어(입문편)』은, 26시간 강의에 교재로 사용하면 효과적이라 생각한다. 본서의 강의방법은, 먼저 교수의 발음을 듣고 따라서 읽는다. 그리고 학습자들에게 어휘 · 어구 · 문법 · 문형 등을 '알기 쉽고 재미있게' 설명하도록 최대한 노력한다. 다음에는 정확하게 본문을 해석하고, 그 후 본 강의의 내용에 대한 질문을 받고 그 질문에 대하여 알기 쉽게 설명하도록 한다.

마지막으로 본서의 내용에 수정이 필요한 부분이 있을 수 있다. 앞으로 완전한 어학서가 되도록 보완해 가기로 한다.

본서의 발행에 즈음하여 출판부의 스텝들과 많은 후학들에게 고마움을 표하고 싶다. 독자 여러분들의 무궁한 건투를 바라는 바이다.

2015, 을미년 벽두
저 자 김 원호

* 일러두기

1. 본서는 다음과 같이 구성한다.

〔본문〕〔새로운 한자〕〔중요한 단어〕〔용법 해설〕〔부록〕으로 구성한다. 그리고 〔부록〕에는 <본문 한글해석> <별지> <색인>을 포함하여, 학습자에게 편의를 제공한다.

2. 본 교재의 「품사」와 「활용형」은 편의상 다음과 같이 <약어>로 대신하기로 한다.

가. **품사의 <약어>**

N : 명사
V : 동사
  5단 ⇨ 5단활용동사
  上1 ⇨ 上1단활용동사
  下1 ⇨ 下1단활용동사
  くる ⇨ か행변격동사
  する ⇨ さ행변격동사
  自v ⇨ 자동사
  他v ⇨ 타동사
  A : 형용사 (일명 い형용사)
  Av : 형용동사 (일명 な형용사)
  助v : 조동사
  助 : 조사

나. **활용형의 <약어>**

*** 活 : 활용어(活用語, V · A · Av · 助v를 말함)**
基 : 기본형(基本形)
未 : 미연형(未然形)
用 : 연용형(連用形)
終 : 종지형(終止形)

体 : 연체형(連体形)
仮 : 가정형(仮定形)
命 : 명령형(命令形)

* V의 연체형 · 종지형은 기본형과 모양이 같다
* A의 연체형 · 종지형도 〃 〃
* Av의 연체형은 「な」이며, 종지형은 기본형과 같다

목 차

본문

1課 ちょっと 待って ください。

(パン屋で)

いらっしゃいませ。

今朝の 食パンは もう 出ましたか。

お客さま、まだ 出て いません。10時に 出ます。

少々 お待ちください。

はい、ありがとうございます。

この 図書館の えつらん室は、たいへん 静かで きれいですね。

そうですね。

きょう 何階で 勉強しますか。

四階の 語学資料室で レポートを かく つもりです。

日本語の 音便形について 書く つもりです。

ああ、そうですか。

(大学の 庭園で)

この 大学の 庭園は、きれいで すばらしいですよね。

はい、そうです。びっくりしました。

予想より 広いですね。

そちらの　ベンチに　かけましょうか。

はい、そう しましょう。

あの　たてふだを　ご覧なさい。

「しばふに　入らないで　ください」と　書いて　あります。

きょうは　いい天気ですが、どこかへ　行きましょうか。

はい、行きましょう。

단어 해설

새로운 한자

- 待(ま)つ : (V) 기다리다
- パン屋(や) : 빵집
- 今朝(けさ) : 오늘 아침
- 食(しょく)パン : 식빵
- 出(で)る : (V) 나가다
- お客(おきゃく)さま : 손님
- 10時(じゅうじ) : 10시
- 少々(しょうしょう) : 잠시, 잠깐
- 図書館(としょかん) : 도서관
- えつらん室(しつ) : 열람실
- 静(しずか)だ : (Av) 조용하다
- 何階(なんかい) : 몇 층
- 勉強(べんきょう) : 공부
- 四階(よんかい) : 4층
- 語学資料室(ごがく-しりょうしつ) : 어학 자료실
- 日本語(にほんご) : 일본어
- 音便形(おんびんけい) : 음편형
- 書(か)く : (V) 쓰다
- 大学(だいがく) : 대학
- 庭園(ていえん) : 정원
- 予想(よそう) : 예상
- 広(ひろ)い : 넓다
- ご覧(ごらん)なさい : 보십시오
- 入(はい)る : (5단) 들어가다, 들어오다

・ 書(か)く : (V) 쓰다
・ 天気(てんき) : 날씨

중요한 단어

1. ~ませ : 조동사「ます」의 명령형
   ⇨ お帰(かえ)りなさいませ。
   (어서 오십시오, 귀가하는 사람에게 맞이하는 인사)

2. 食(しょく)パン : 식빵
   ⇨ 食パンを おいしく 食(た)べた。
   (식빵을 맛있게 먹었다.)
   食パンを 使った おやつを 作ってね。
   (식빵을 사용한 간식을 만들어 줘.)

3. お客(きゃく)さま : 손님, 고객
   ⇨ 多(おお)くの お客さまが 待(ま)っている。
   (많은 손님이 기다리고 있다.)

4. まだ : 아직
   ⇨ 虹(にじ)は まだ 見(み)えないね。
   (무지개는 아직 안 보여요.)

5. ~に ついて : ~관하여, ~대하여
   ⇨ 会社(かいしゃ)の 経営(けいえい)に ついて 説明(せつめい)する。
   (경영에 관해 설명하다.)

6. すばらしい : 멋지다, 굉장하다

⇨ すばらしい 服(ふく)を 着(き)ている。
(멋진 옷을 입고 있다.)
アルプスは すばらしい 景色(けしき)でした。
(알프스는 굉장한 경치였습니다.)

7. びっくりする : (V) (깜짝) 놀라다
⇨ ああ、びっくりした。
(아, 깜짝이야.)

8. ～より : (助) ～보다 (비교)
⇨ 去年(きょねん)より さむいです。
(작년보다 춥습니다.)

9. 掛(か)ける : (V) 앉다, 걸다
⇨ どうぞ お掛けください。
(어서 앉으십시오.)

10. たてふだ(立札) : 팻말
⇨ 立札を 立(た)てて 禁止(きんし)した。
(팻말을 세워 금지했다.)

11. ご覧(らん)なさい : 보십시오
⇨ こちらを ご覧なさい。
(이쪽을 보십시오.)

12. しばふ(芝生) : 잔디, 잔디밭
⇨ しばふに 立入(たちい)るべからず。
(잔디밭에 들어가지 말 것.)

13. 入(はい)る : (5단) 들어가다, 들어오다

⇨ ねこが 台所(だいどころ)に 入った。

(고양이가 부엌에 들어갔다.)

용법 해설

❶ <경어 특수활용 V>

경어V의 <u>ます형</u>, <u>명령형</u> : 「～る」 → 「～い」 -- 특수활용V

⇨ **くださる** (くれる의 존경어, 주시다), **なさる** (する의 존경어, 하시다, 말씀하시다),
いらっしゃる (いく, いる, くる의 존경어, 가시다, 계시다, 오시다),
おっしゃる (いう의 존경어)

┌ 「ます形」의 연습 → くださいます(주십니다), なさいます(하십니다),
│ いらっしゃいます(가십니다, 계십니다, 오십니다)
│ おっしゃいます(말씀 하십니다)
│
└ 명령형 연습 → ください(주십시오), なさい(하십시오),
いらっしゃい(가시오, 계십시오, 오십시오),
おっしゃい(말씀 하십시오)

❷ (V의 用) + て ください : ～해 주십시오
= お + (V의 用) + ください

(이 경우, (V의 用)는 'て형' 을 말함)

「お + V의 用 + ください」형과 동일함.

⇨ 書い<u>て</u> <u>ください</u> = <u>お</u> 書き<u>く</u> <u>ださい</u> (써 주십시오)

❸ V의 未 + ないでください : ~하지 마세요 (금지)

(V의 未에는, 「ない형(부정형)」「う형(의지형)」 두 가지 형이 있다. 여기서는 「ない형」을 말함)

＊ 「ない형」 만들기

- 5단V : 어미 <ウ>段 → <ア>段으로 바꿈.
  (단, 'う'로 끝나는 동사는, 'わ'로 되는 것에 주의할 것!)
  ⇨ かく → かか ない, よむ → よま ない, ならう → ならわ ない
- 1단V : 어미 <る> → 탈락
  ⇨ おきる → おき ない, たべる → たべ ない
- くる → こ ない
- する → し ない

❹ 형용동사(Av)의 어미 <~だ> → <~で> (연용형)

Av가 뒤에 서술어(V, A, Av등)에 연결될 때는 연용형의 모양을 취하여야 하는데, Av에서 연용형은 「で」「に」「だっ」이 있다. 모든 형용동사는 어미가 <~だ>로 끝남으로 그것을 <~で>로 바꾸어 주면 된다. [부록의 <별지-4>참조]

⇨ きれいだ (깨끗하다, 예쁘다)
→ きれいで, きれいに, きれいだった (깨끗하고, 깨끗해서, 깨끗하게, 깨끗했다)

❺ ~つもりです : 6과에서 설명함.

⇨ 会社(かいしゃ)を やめる つもりだ。(회사를 그만둘 생각이다.)

❻ ～てある : 3과에서 설명함.

⇨「禁煙」と 書いてある。(「금연」이라고 쓰여져 있다.)

❼ 접속조사「が」

앞의 文과 뒤의 文을 가볍게 연결해 주어, 뒷문장의 의미가 약간의 결과를 나타낼 수 있거나 반대되거나 할 때, 또는 전후문장의 의미가 단순히 연결에 그칠 때 쓰인다. 즉, '순접·역접·무색투명'의 세 가지 경우를 나타낸다.

⇨ いい 天気ですが、散歩に 行きましょうか。
(좋은 날씨인데 산책하러 갈까요?) -- 순접
きょうは 授業が ないですが、学校へ 行きます。
(오늘은 수업이 없지만 학교에 갑니다.) -- 역접
えいがかんへ 行きましたが、たいへん おもしろかったんです。
(영화관에 갔었는데 매우 재미있었어요.) -- 무색투명

2課　韓国語で 何と いいますか。

山田さんは、外国語の なかで 何語が できますか。

英語が すこし できます。

韓国語は どうですか。

韓国語も すこしは できます。

「おはようございます」を 韓国語で なんと いいますか。

「アンニョン ハシムニカ」と いいます。

それでは、「今 何時ですか」は、なんと いいますか。

「ジグム ミョシ イムニカ?」と いいます。

これは ちょっと むずかしいですね。

あの きいろい 花は、なんと いいますか。

あの 大きい 花ですか。

ひまわりですね。きれいですね。

あの 竹ばやしの 上に いる とりは、なんと いいますか。

鶴(つる)と いいます。

白くて 大きいです。数えきれない ほど 多いですね。

단어 해설

새로운 한자

- 韓国語(かんこくご) : 한국어
- 何(なん) : 무엇
- 外国語(がいこくご) : 외국어
- 何語(なにご) : 어떤 언어
- 英語(えいご) : 영어
- 今(いま) : 지금
- 何時(なんじ) : 몇 시
- 花(はな) : 꽃
- 大(おお)きい : 크다
- 竹(たけ)ばやし : 대나무 숲
- 鶴(つる) : 학
- 白(しろ)い : 희다
- 数(かぞ)えきれない : 셀 수 없다
- 多(おお)い : 많다

중요한 단어

1. 韓国語(かんこくご) : 한국어

   ⇨ その映画(えいが)は 韓国語で 吹(ふ)き替(か)えに なっている。
   (그 영화는 한국어로 더빙되어 있다.)

2. 外国語(がいこくご) : 외국어

   ⇨ 外国語の 必要(ひつよう)を 切実(せつじつ)に 感(かん)じます。

(외국어의 필요성을 절실히 느낍니다.)

3. 英語(えいご) : 영어

⇨ わたしの 英語は まだ 下手(へた)です。

(내 영어는 아직 서툽니다.)

4. 今(いま) : 지금

⇨ 今も 昔(むかし)も 同(おなじ)だ。

(지금이나 예나 같다.)

5. むずかしい(難しい) : 어렵다

⇨ むずかしい 問題(もんだい)に ぶつかる。

(곤란한 문제에 맞닥뜨리다.)

6. ひまわり : 해바라기

⇨ ひまわりの 種(たね)を 買った。

(해바라기의 씨앗을 샀다.)

7. 竹林(たけ-ばやし) : 대나무 숲 (= たけやぶ)

⇨ 静(しず)かな 山岳道路(さんがく-どうろ)は 竹林や 杉林(すぎ-ばやし)を 通(とお)って いる。

(한적한 산길은 대나무 숲과 삼나무 숲 속을 지나고 있다.)

8. とり(鳥) : 새

⇨ いろいろな とりを 飼(か)って いる。

(여러 가지 새를 기르고 있다.)

9. 鶴(つる) : 학

⇨ 鶴が 大(おお)きく 羽(は)ばたきながら 飛(と)び上(あ)がった。

(학이 크게 날갯짓을 하면서 날아올랐다.)

용법 해설

❶ 「～と 言う」(～라고 말하다)

인용(引用)의 조사 「と」와 V 「言(い)う」가 접속되어 하나의 어구로 많이 사용된다. (～라 말하다, ～라 하다, 또는 「～라는 + N」)

cf) 「～と いっしょに」(～와 함께) 의 「と」 → 동반(同伴)의 의미

⇨ 母<u>と いっしょに</u> 買い物に 行きました。

(엄마와 함께 쇼핑하러 갔습니다.)

❷ 세계의 국어 → 접미어 「～語(ご)」

⇨ 韓国(かんこく)～, 英(えい)～, 日本(にほん)～, 中国(ちゅうごく)～, ドイツ～, フランス～, タイ～, スワヒリ～, 등

❸ 「N+で」의 의미 → ~에서(장소, 위치), ~로(수단) (<입문편> 6과의 3번 기술 참조 바람)

⇨ くだもの の中<u>で</u> りんごが すきです。 …· 장소 위치

(과일 가운데 사과를 좋아합니다.)

日本語<u>で</u> 話しましょう。

(일본어로 이야기합시다.) …· 수단

❹ できる : (V) 할 수 있다 (10과에서 설명함)

⇨ 私は 英語と 日本語が <u>でき</u>ます。

(저는 영어와 일본어를 할 수 있어요.)

❺ 数(かぞ)えきれない ほど : 헤아릴 수 없을 정도로

⇨ 夜空(よぞら)には、星(ほし)が、<u>かぞえきれない ほど</u> おおい。
(밤하늘에는 별이 헤아릴 수 없을 정도로 많다.)

3課　朝から 雨が 降って います。

(天気)

きょうは 朝から 雨が 降って います。

風も 吹いて います。

かみなりも 鳴って います。

天気が 悪いですね。

きのうは いい 天気でした。

さくらも 咲いて いました。

そして ぼたんも 咲いて いました。

どこかへ 花見に 行きましょうか。

はい、行きましょう。

(PC室で)

山田さん、ここは 人文大学の PC室です。

とても 新しくて きれいですね。

席は いくつ ありますか。

やく 100席 あります。

ほかに PC室は どこに ありますか。

図書館と 学生会館にも あります。

あ、そうですか。うらやましいですね。

学生たちは、みんな いっしょうけんめい

キーボードを 打って いますね。

みんな レポートを 書いて います。

단어 해설

새로운 한자

- 朝(あさ) : 아침
- 雨(あめ) : 비
- 降(ふ)る : (V) 내리다
- 天気(てんき) : 날씨
- 風(かぜ) : 바람
- 吹(ふ)く : (V) (바람이) 불다
- 鳴(な)る : (V) 울리다, 치다
- 悪(わる)い : 나쁘다
- 咲(さ)く : (V) (꽃이) 피다
- 花見(はなみ) : 꽃구경
- 行(い)く : (V) 가다
- 山田(やまだ)さん : 야마다씨(성)
- PC室(しつ) : 컴퓨터실
- 人文大学(じんぶん-だいがく) : 인문대학
- 新(あたら)しい : 새롭다
- 席(せき) : 좌석
- 100席(ひゃくせき) : 백석
- 図書館(としょかん) : 도서관
- 学生会館(がくせい-かいかん) : 학생회관
- 打(う)つ : (V) (타자를) 치다
- 書(か)く : (V) 쓰다

중요한 단어

1. 吹(ふ)く : (V) (바람이) 불다

⇨ 南(みなみ)から 涼(すず)しい 風(かぜ)が 吹く。

(남쪽에서 시원한 바람이 불다.)

2. かみなり(雷) : 천둥

⇨ きゅうに かみなりが 鳴(な)りました。

(갑자기 천둥이 울렸습니다.)

3. 鳴(な)る : (V) 울리다, 치다

⇨ かみなりが なって こわかった。

(천둥이 쳐서 무서웠다.)

鐘(かね)が 鳴って 授業(じゅぎょう)は 終(おわ)りました。

(종이 울려 수업은 끝났습니다.)

4. さくら(桜) : 벚꽃, 벚나무

⇨ さくらの 名所(めいしょ)は 上野(うえの)です。

(벚꽃의 명소는 우에노입니다.)

5. ぼたん(牡丹) : 모란

⇨ ぼたんの 花(はな)は たいへん きれいです。

(모란꽃은 대단히 아름답습니다.)

6. 花見(はなみ) : 꽃구경

⇨ 四月(しがつ)に なると 花見に 行(い)く。

(4월이 되면 꽃구경하러 가다.)

7. うらやましい(羨ましい) : 부럽다

⇨ 正直(しょうじき) 言(い)って うらやましい。

(솔직히 말해서 부럽다.)

8. いっしょうけんめい(一生懸命) : 열심히

⇨ いっしょうけんめい 勉強(べんきょう)して います。

(열심히 공부하고 있습니다.)

9. キーボード : 키보드 (= key board)

⇨ キーボードを ちゃんと 押(お)しなさい。

(키보드를 실수 없이 누르세요.)

용법 해설

「~て いる」와 「~て ある」의 표현

<상태>

① 自v + て いる (빈도 多) : ~ 어(여) 있다

-- (3과의 예문참조)

⇨ 咲(さ)く(自v) → さくらが さいて いる。(벚꽃이 피어 있다.)
閉(し)まる(自v) → 門が 閉まって いる。(대문이 닫혀 있다.)
開(あ)く(自v) → 門が 開いて いる。(대문이 열려 있다.)
立(た)つ(自v) → 学生が 立って いる。(학생이 서 있다.)

他V + て いる (빈도 少) : ~ 어(여) 있다

-- (4과의 예문참조)

⇨ はく(他v) → くつを はいて いる。(구두를 신고 있다.)
かける(他v) → めがねを かけて いる。(안경을 끼고 있다.)
かぶる(他v) → ぼうしを かぶって いる。(모자를 쓰고 있다.)

② 他v + て ある : ~ 어(여) 있다 -- 作為의 상태[1]

-- (5과의 예문참조)

⇨ 張(は)る(他v) → 地図が 張って ある。(지도가 걸려 있다.)
開(あ)ける(他v) → 門が 開けて ある。(대문이 열려 있다.)
閉(し)める(他v) → 門が 閉めて ある。(대문이 닫혀 있다.)

---

1) 어떠한 대상이 뭔가에 의하여 인위적 내지는 고의적인 행동이 가해진 상태를 말한다.

<동작진행>

① 自v + て いる (빈도 少) : ~ 고 있다

-- (3과의 예문참조)

⇨ 歩(ある)く(自V) → 道を 歩いて いる[2]。(길을 걷고 있다.)
渡(わた)る(自V) → 川を 渡って いる。(강을 건너고 있다.)
飛(と)ぶ(自V) → 空を 飛んで いる。(하늘을 날고 있다.)
降(ふ)る(自V) → 雨が降って いる。(비가 내리고 있다.)
行(い)く(自V) → 工場へ 行って いる。(공장에 다니고 있다.)

② 他v + て いる (빈도 多) : ~고 있다

-- (6과의 예문참조)

⇨ 開ける(他V) → 門を 開けて いる。(대문을 열고 있다.)
閉める(他V) → 門を 閉めて いる。(대문을 닫고 있다.)
浴(あ)びる(他V) → シャワーを 浴びて いる。(샤워를 하고 있다.)
食事を する。 → 食事を して いる。(식사를 하고 있다.)
キーボードを 打(う)つ。 → キーボードを 打って いる。(자판을 치고 있다.)

2) 自V이지만 앞의 조사 「を」를 쓰는 것은, 「장소」를 나타내는 용법으로 사용되고 있기 때문이다. 이러한 V에는 「歩(ある)く」 「渡(わた)る」 「飛(と)ぶ」 「通(とお)る」 「走(はし)る」등이 있다.

4課　赤い くつを はいて います。

(ミョンドンで)

きょうも たいへん 暑いですね。

はい、そうですね。

梅雨どきも 終りましたので、もっと 暑く なると 思います。

あちらを 見て ごらんなさい。

あの人は、高い ぼうしを かぶって いますね。

あ、そうですね。サンドイッチ マンです。

みんな、そでなしの シャツを 着て います。

それが たいへん 便利でしょう。

あの男の人は、青い ネクタイを しめ、すてきな サングラスを かけて います。

そうですね。

有名な 俳優と 似て いますよね。

あの 女の 人は、赤い くつを はいて います。

最新の デザインで よく 似合っています。かっこいいですね。

단어 해설

새로운 한자

- 赤(あか)い : 빨갛다
- 暑(あつ)い : 덥다
- 梅雨(つゆ) : 장마
- 終(おわ)る : (V) 끝나다
- 思(おも)う : (V) 생각하다
- 見(み)る : (V) 보다
- 高(たか)い : 높다
- 着(き)る : (V) 입다
- 便利(べんり)だ : (Av) 편리하다
- 男(おとこ)の人(ひと) : 남자
- 青(あお)い : 파랗다
- 有名(ゆうめい)だ : (Av) 유명하다
- 俳優(はいゆう) : 배우
- 似(に)る : (V) 닮다
- 女(おんな)の人(ひと) : 여자
- 赤(あか)い : 붉은
- 最新(さいしん) : 최신
- 似合(にあ)う : (V) 어울리다

중요한 단어

1. はく(履く) : (V) (바지, 신발 등을) 신다, 입다

   ⇨ きれいな くつを はいて います。

(예쁜 구두를 신고 있습니다.)
あかい スカートを はいて いる。
(빨강 치마를 입었다.)

2. 梅雨時(つゆどき) : 장마(철)

⇨ 梅雨時や 寒(さむ)い 冬季(とうき)には 室内干し(しつないぼし)が 多(おお)く なる。

(장마철이나 추운 겨울철에는 실내 건조가 많아진다.)

3. もっと : 더욱, 더

⇨ 十一月(じゅういちがつ)に なると、もみじは もっと こくなる。

(11월이 되면 단풍은 더욱 짙어진다.)

4. かぶる(被る) : (V) 뒤집어쓰다

⇨ あの人は かつらを かぶって います。

(저 사람은 가발을 쓰고 있다.)

5. サンドイッチ マン : 샌드위치맨 (= sandwich-man, 광고하는 사람)

⇨ 体(からだ)の 前後(ぜんご)に 看板(かんばん)を 下(さ)げた サンドイッチマン。

(몸 앞뒤에 간판을 걸친 샌드위치맨.)

6. そでなし(袖無し) : 소매 없는 옷, 민소매

⇨ そでなし ワンピースが きれいです。

(민소매 원피스가 아름답습니다.)

7. 着(き)る : (V) 입다

⇨ 茶色(ちゃいろ)の 洋服(ようふく)を 着ている 紳士(しんし)。

(갈색 양복을 입고 있는 신사.)

8. 締(し)める : (V) 조르다, 죄다, 매다

⇨ 帯(おび)を 締める。

(허리띠를 졸라매다.)

きいろい ネクタイを 締めて いる。

(노랑 넥타이를 매다)

9. すてき(素敵)だ: 아주 멋지다, 매우 근사하다

⇨ すてきな 片想(かたおも)い

(아주 멋진 짝사랑, 후지TV 드라마)

10. サングラス : 선글라스 (= sun-glass)

⇨ サングラスを かけて スキーを 楽(たの)しで いる。

(선글라스를 끼고 스키를 즐기고 있다.)

11. かける(掛ける) : (V) 끼다, 걸다, 앉다

⇨ 眼鏡を かける。

(안경을 끼다.)

電話(でんわ)を かける。

(전화를 걸다.)

いすに かける。

(걸상에 앉다.)

12. 俳優(はいゆう) : 배우

⇨ あの人(ひと)は わたしの 大好(だいす)きな 俳優です。

(저 사람은 내가 제일 좋아하는 배우입니다.)

13. 似(に)る : (V) 닮다

⇨ あなたは お母(かあ)さんと お父(とう)さんの どちらの 方(ほう)に 似てる?

(넌 어머니와 아버지 어느 쪽을 닮았지?)

14. 似合(にあ)う : (V) 잘 맞다, 어울리다

⇨ 和服(わふく)が 似合う 春子(はるこ)さん。

(일본 옷이 잘 어울리는 하루코씨.)

15. かっこいい : 근사하다, 멋있다 [‘かっこ’는 ‘格好(かっこう, 모습)’를 짧게 한 말.]

⇨ あれは かっこいい 帽子(ぼうし)だね。

(그것 참 멋진 모자인데.)

용법 해설

❶ 착용(着用)을 나타내는 V (주로 'て いる = た'를 접속하여 사용)

명사	동사	명사	동사
上着(うわぎ) 洋服(ようふく) シャツ セーター	を 着(き)る (입다) 着て いる (입고 있다)	ズボン スカート くつ くつした	を 履(は)く (신다) 履いて いる (신고 있다)
ベルト おび ネクタイ	を 締(し)める (메다) 締めて いる (메고 있다)	指輪(ゆびわ) 手袋(てぶくろ) 手錠(てじょう)	を はめる (끼다) はめて いる (끼고 있다)
帽子(ぼうし)	を 被(かぶ)る (쓰다) 被って いる (쓰고 있다)	眼鏡(めがね)	を 掛(か)ける (끼다) 掛けて いる (끼고 있다)

❷ 색깔을 나타내는 어휘

⇨ 白(しろ)い ↔ 黒(くろ)い
青(あお)い ↔ 赤(あか)い
黄色(きいろ)い 등

cf) 白(しろ), くろ), 青(あお), 赤(あか), 黄色(きいろ) 라는 명사도 있다.

위의 단어를 「형용사(形容詞)」라고 한다. 일반적으로 사물의 성질·상태를 나타내며, 어미는 「～い」로 끝난다. **(<별지-3> 참조)**

❸「ので」와「から」: (접속조사) ~니까, 때문에

(活의 体) + ので : 객관적

(活의 終) + から : 주관적 (주절에 명령, 의지, 권유, 금지 등이 동반)

⇨ 日曜日(にちようび)なので、休(やす)みます。
(일요일이기에 쉽니다.)
気持(きもち)が 悪(わる)いから、行(い)かないね。
(기분이 나빠서 가지 않아.)

❹ V의 중지법(中止法)

<문장체>에 사용되는 용법으로, V의 연용형(ます형) 그대로의 모양을 말한다(구두점부호 、를 접속함). <구어체(회화체)>로는 V의 연용형에 접속조사 <て>(소위 'て형')를 사용하면 된다. 의미는 똑같다.

⇨ かく → かき、 (쓰고, 쓰며)
かく → かいて (쓰고, 써서)
よむ → よみ、 (읽고, 읽으며)
よむ → よんで (읽고, 읽으며, 읽고서)

5課　大きい 絵が はって あります。

(モデル ルームで)

いらっしゃいませ。

ここは、新しい マンションの モデル ルームで ございます。

この 部屋に 大きい 絵が 飾って ありますね。

なんの 絵ですか。

オランダの 有名な 絵ですよ。ゴッホの「ヒマワリ」です。

あそこに かけて ある 時計は、おおきいですね。

はい、そうです。

1.5メートル ぐらいです。とても 値段が 高いです。

(景福宮で)

ここは、ソウルの まん中に ある 景福宮で ございます。

景福宮の 門は、いつも 開けて ありますか。

いいえ、いつも 開けては ありません。

ごご 10時からは 閉めて あります。

パンフレットは、ぜんぶ 韓国語で 書いて ありますか。

いいえ、日本語で 書いて あるのも あります。

ここに　ありますよ。さあ、どうぞ。

どうも　ありがとうございます。

단어 해설

새로운 한자

- 大(おお)きい : 크다
- 絵(え) : 그림
- 新(あたら)しい : 새롭다
- 部屋(へや) : 방
- 飾(かざ)る : (V) 장식하다
- 有名(ゆうめい)だ : (Av) 유명하다
- 時計(とけい) : 시계
- 値段(ねだん) : 가격
- 高(たか)い : 비싸다
- まん中(なか) : 맨 가운데
- 景福宮(ギョンボク-きゅう) : 경복궁
- 門(もん) : 문
- 開(あ)ける : (V) 열다
- 10時(じゅうじ) : 10시
- 閉(し)める : (V) 닫다
- 韓国語(かんこくご) : 한국어
- 書(か)く : (V) 쓰다
- 日本語(にほんご) : 일본어

중요한 단어

1. はる(張る) : (V) 붙이다, 걸다

   ⇨ かべに 絵(え)を はる。

(벽에 그림을 붙이다.)

ポスターを はる。

(포스터를 붙이다.)

2. モデルルーム : 모델 룸 (= model-room, 분양 아파트의 견본)

⇨ 一流(いちりゅう)メーカーの モデルルームを 見学(けんがく)した。

(일류 건설사의 모델 룸을 방문했다.)

3. マンション : 맨션 (= mansion)

⇨ 新(あたら)しい マンションに ひっこしした。

(새로운 맨션으로 이사했다.)

4. オランダ : 네덜란드 (= Netherlands)

⇨ オランダと 韓国(かんこく)は 1対1で 引(ひ)き分(わ)けた。

(네덜란드와 한국은 1대1로 비겼다.)

5. ゴッホ : 고흐 (= Gogh, 네덜란드의 화가, フィンセント·ファン·ゴッホ, Vincent van Gogh)

⇨ ゴッホの 「ひまわり」「夜のカフェテラス」。

(고흐의 「해바라기」「밤의 카페테라스」)

6. ヒマワリ : 해바라기

⇨ ヒマワリの 種(たね)が まきたい。

(해바라기 씨를 심고 싶다.)

7. ~ぐらい : 정도, 만큼, 쯤

⇨ これぐらいなら だいじょうぶですよ。

(이 정도라면 괜찮아요.)

8. 値段(ねだん) : 가격

⇨ 法外(ほうがい)な 値段を つける。

(터무니없는 값을 매기다.)

9. まん中(真んなか) : 한가운데

⇨ 部屋(へや)の まん中に 座(すわ)っている。

(방 한가운데에 앉아있다.)

10. 門(もん) : 문

⇨ 正門(せいもん)は 石(いし)の 門(もん)です。

(정문은 돌로 만든 문입니다.)

11. ~から : (助) ~부터

⇨ 午後(ごご) 1時(いちじ)から 会議(かいぎ)を 行(おこな)う。

(오후 1시부터 회의를 한다.)

12. パンフレット : 팸플릿 (= pamphlet)

⇨ 集(あつ)めた パムフレットを 綴(と)じ込(こ)んで おいた。

(모은 팸플릿을 철해 두었다.)

13. さあ、どうぞ : 자, 여기 (권유할 때 사용)

⇨ A : さあ、わたしのを どうぞ。

(자, 내걸 가져.)

B : いや、これで 大丈夫(だいじょうぶ)だよ。

(아냐, 이거면 괜찮아.)

⇨ さあ、コーヒーを どうぞ。あなたの 好(この)みに 入(い)れました。

(자, 커피 한잔 해요. 기호에 꼭 맞게 탄 커피입니다.)

〈용법 해설〉

❶ 他V의 用 + て ある : 작위(作為)의 상태

타동사의 연용형에 접속조사 「～て」와 존재를 나타내는 「ある」가 접속되면, 어떠한 일이 인위적으로 가해진 상태를 나타낸다. (앞의 <3, 4, 5과 공통 내용>의 설명 참조)

❷ ～で ございます : ～입니다, ～이옵니다 (지극히 공손한 경어, <20과 경어>에서 설명함)

6課　韓国へ　帰ろうと　思って　います。

キムさんは、しょうらい　何に　なる　つもりですか。
先生に　なりたいです。
なんの　先生ですか。
日本語の　先生に　なりたいです。

日本に　どのぐらい　いる　つもりですか。
五年間　いる　つもりです。
大学院を　卒業してから　韓国へ　帰ろうと　思って　います。

結婚は　いつごろ　しようと　思って　いますか。
はっきり　した　ことは　わかりませんが、来年　結婚する　つもりです。
おめでとうございます。楽しみに　して　います。

日本に　友だちが　おおぜい　いますか。
韓国人の　友だちは　多く　ないですが、日本人の　友だちは　多いです。
ああ、よかったですね。さびしいかと　思いました　けれど　…。

단어 해설

새로운 한자

- 韓国(かんこく) : 한국
- 帰(かえ)る : (V) 돌아가다, 돌아오다
- 思(おも)う : (V) 생각하다
- 何(なに)になる : 무엇이 되다
- 日本語(にほんご) : 일본어
- 日本(にほん) : 일본
- 五年間(ごねんかん) : 5년간
- 大学院(だいがくいん) : 대학원
- 卒業(そつぎょう) : 졸업
- 結婚(けっこん) : 결혼
- 来年(らいねん) : 내년
- 楽(たの)しみにする : (V) 기대하다, 즐거워하다
- 友(とも)だち : 친구들
- 韓国人(かんこくじん) : 한국인
- 多(おお)い : 많다
- 日本人(にほんじん) : 일본인

중요한 단어

1. しょうらい(将来) : 장래, 미래

⇨ 将来に 備(そな)える ために 貯蓄(ちょちく)する。
(장래에 대비하기 위해 저축한다.)

2. いつごろ(何時頃) : 몇 시쯤

⇨ いつごろ 上京(じょうきょう)されますか。

(몇 시쯤 상경하십니까.)

3. はっきり : 분명히, 명확히

⇨ はっきり 返事(へんじ)を する。

(분명히 대답을 하다.)

4. おめでとうございます : 축하합니다

⇨ ご卒業(そつぎょう) おめでとうございます。

(졸업을 축하합니다.)

5. 楽(たの)しみ : 즐거움 ['楽(たの)しむ'의 명사형]

⇨ 読書(どくしょ)の 楽しみ。

(독서의 즐거움)

スポーツの 楽しみ。

(스포츠의 즐거움)

6. さびしい(寂しい) : 허전하다, 쓸쓸하다

⇨ 母(はは)に 死(し)なれて さびしい。

(어머니를 여의어 슬프고 외롭다.)

7. ～かと 思(おも)う : ～인가 생각하다

⇨ 何事(なにごと)かと 思う。

(무슨 일인가 하고 생각하다.)

8. ～けれど : (助) ～지만, ～하나 (= けれども)

⇨ 顔(かお)は 美(うつく)しいけれど 心(こころ)は 悪(わる)い。

(얼굴은 고우나 마음씨는 나쁘다.)

용법 해설

❶ 助v (よ)う 의 용법

V의 未 + う (5段V) / よう (이외V)
- (1) 의지 (~겠, ~려)
- (2) 권유 (~자)
- (3) 추측 (~ㄹ 것이다)

(未 → 意志形)

* 未然形에는「ない형(부정형)」「う형(의지형)」두 가지 형이 있다. 여기서는「う형」을 말함. 즉, 5단 : ウ段 → オ段, 1단 : 「る」탈락, くる → こ, する → し로 바꾸면 됨.

⇨ 書こう, 起きよう, 食べよう, 来(こ)よう, しよう

❷ N + に なる [~이(가) 되다, 조사「が」가 아님]

⇨ 有名(ゆうめい)な 医者(いしゃ)に なる。
(유명한 의사가 되다)

❸ V의 体 + つもりです → ~ㄹ 예정입니다 (불확정)

予定(よてい)です → ~ㄹ 예정입니다 (확정)

(연체형 = 기본형)

⇨ 今年(ことし) 就職(しゅうしょく)する つもりです。
(올해 취직할 예정입니다.)
今年(ことし) 卒業(そつぎょう)する 予定です。
(금년에 졸업할 예정입니다.)

❹ V의 用 + たい : ~고 싶다 (희망) -- (<9과> 참조)

⇨ ヨーロッパへ ぜひ 行(い)きたい。
(유럽에 꼭 가고 싶다.)
いま ピザが 食(た)べたい。
(지금 피자가 먹고 싶다.)

❺ ~てから : ~하고 나서 (순차적 동작 후)

⇨ 朝早(あさはや)く 起(お)きてから、 運動(うんどう)します。
(아침 일찍 일어나서 운동합니다.)

❻ ~(よ)う + と思(おも)う : ~하려고 (생각)하다
と考(かんが)える (화자의 意志를 완곡하게 표현)

⇨ 来年(らいねん) 卒業(そつぎょう)してから 結婚(けっこん)し ようと思います。
(내년에 졸업하고 나서 결혼하려고 합니다.)

7課　キムチは いろいろな 材料で 作ります。

もう みそしるが 出来ました。
もうですか。
速いですね。
なにで 作りましたか。
たまねぎと にんにくと とうがらし、それから みそで 作りました。

おいしそうな においが しますね。
いちど 試食しませんか。
おいしいか どうか わかりません。
辛くも 甘くも ありません。うん、ちょうど いいです。
けっこう おいしいですよ。うん、さいこうだよ。

みそで 味を つけますか。
いいえ、いろいろな 材料で 味を つけます。
わたしの 作る 料理は、おいしく ありませんよ。
どうして ですか。
そうですね。
料理と いうのは、腕前(うでまえ)が 大事じゃないでしょうか。
わたしは 気が 短くて 速く 作って しまいますからね。
これからは ゆっくり 作ってみては どうですか。

단어 해설

새로운 한자

- 材料(ざいりょう) : 재료
- 作(つく)る : (V) 만들다
- 出来(でき)る : (V) 완성되다
- 速(はや)い : 빠르다
- 試食(ししょく) : 시작
- 辛(から)い : 맵다
- 甘(あま)い : 달다
- 味(あじ) : 맛
- 料理(りょうり) : 요리
- 腕前(うでまえ) : 솜씨
- 大事(だいじ)だ : (Av) 중요하다
- 気(き)が短(みじか)い : 성격이 급하다

중요한 단어

1. みそしる(味噌汁) : 된장국

   ⇨ 韓国の みそしるが 欲(ほ)しい。
   (한국의 된장국이 먹고 싶다.)

2. たまねぎ(玉ねぎ) : 양파

   ⇨ 大(おお)きい たまねぎを ください。
   (큰 양파를 주세요.)

3. にんにく : 마늘

⇨ にんにくで 作(つく)った 健康食品(けんこう-しょくひん)。

(마늘로 만든 건강식품.)

4. とうがらし(唐辛子) : 고추

⇨ とうがらしを 使(つか)った 創作料理(そうさく-りょうり)。

(고추를 사용한 창작요리.)

5. におい : 냄새

⇨ さかなの においを 消(け)す。

(생선 냄새를 없애다.)

6. 試食(ししょく) : 시식

⇨ 本場(ほんば)の フランス料理(りょうり)を 試食した。

(본고장 프랑스 요리를 시식했다.)

7. さいこう(最高)だ : (Av) 최고다

⇨ 夏(なつ)は つめたい ビールが さいこうだな。

(여름에는 찬 맥주가 최고지.)

8. どうして : 어째서, 왜

⇨ どうして 遅(おく)れたの。

(왜 늦었어?)

9. 腕前(うでまえ) : 솜씨

⇨ 日本料理(りょうり)の 腕前を 自慢(じまん)する。

(일본요리 솜씨를 뽐내다.)

10. 大事(だいじ)だ : (Av) 중요하다

⇨ 大事な 資料(しりょう)が 多(おお)く あります。

(중요한 자료가 많이 있습니다.)

11. ~じゃないでしょうか : ~지 않은지요?

⇨ いまは いい タイミングじゃないでしょうか。

(지금이 좋은 타이밍이지 않은지요?)

12. 気(き)が短(みじか)い : 성격이 급하다

⇨ ちかごろ、とみに 気が 短くなった。

(최근 갑자기 성미가 급해졌다.)

13. ゆっくり : 천천히

⇨ ゆっくり 歩(ある)くのが いいね。

(천천히 걷는 것이 좋지.)

용법 해설

❶ (N) + で (장소, 원인·이유, 수단, 방법, 재료, 상태)

⇨ 日本の ラーメンは なにで 作(つく)りますか。
(일본의 라면은 무엇으로 만듭니까?)
韓国の ラーメンと 同(おな)じです。
(한국의 라면과 같습니다.)

❷ (N) + が できる : 완성되다, 생기다, 할 수 있다

⇨ 行(い)く 用意(ようい)が できた。
(갈 준비가 되었다.)
家(いえ)の 近(ちか)くに 美術館(びじゅつかん))が できた。
(집 근처에 미술관이 생겼다.)
結婚(けっこん)して 子供(こども)が できた。
(결혼해서 아이가 생겼다.)
私は 早(はや)く 起きる ことが できる。
(나는 일찍 일어날 수 있다.)

❸ (N) + が する : ~(이)가 나다, ~(이)가 들다 (관용구)

⇨ 匂(にお)いが する (냄새가 나다)　音(おと)が する (소리가 나다)
気(き)が する (느낌이 들다)　寒気(さむけ)が する (오한이 들다)
めまいが する (현기증이 나다)

❹ (N / V, A의 기본형 / Av의 어간) + か どうか わかりません
(~ㄹ지 어떨지 모르겠습니다)

⇨ 旅行(りょこう)に 行く かどうか 分かりません。
(여행 갈지 어떨지 모르겠습니다.)
この漫画(まんが)、おもしろい かどうか わかりません。
(이 만화, 재미있을지 어떨지 모르겠습니다.)
景色(けしき)が きれい かどうか わかりません。
(경치가 예쁠지 어떨지 모르겠습니다.)

❺ A의 어간 + くも A의 어간 + くも ありません
: ~지도~지도 않습니다 (이중 부정)

⇨ 彼女(かのじょ)の 肌(はだ)は 黒(くろ)くも 白(しろ)くも ありません。
(그녀의 피부는 까맣지도 하얗지도 않습니다.)
この コーヒーは 冷(つめ)たくも 熱(あつ)くも ありません。
(이 커피는 차갑지도 뜨겁지도 않습니다.)

❻ けっこう : (부) 제법, 그런대로

⇨ この ラーメン、けっこう おいしい。(이 라면, 제법 맛있다.)

❼ 味(あじ)を つける : 맛을 내다

⇨ 何(なに)で 味を つけましたか。
(무엇으로 맛을 냈습니까?)
トウガラシは 辛(から)い 味を つける。
(고추는 매운 맛을 낸다.)

cf) 맛의 종류 : 甘(あま)い(달다), 辛(から)い(맵다),
塩辛(しおから)い[짜다=塩(しょ)っぱい)], 酸(す)っぱい(시다), 渋(しぶ)い(떫다), 苦(にが)い(쓰다)

❽ 연체수식어 속의「が」는「の」로 전환

⇨ 背(せ)が 高(たか)い。(키가 크다) → 背の高い人。(키가 큰 사람)
風(かぜ)の 吹(ふ)く 晩(ばん)だった。
(바람이 부는 밤이었다.)
私の ほしい ものは、デジタルカメラです。
(내가 갖고 싶은 것은 디카입니다.)

❾ N と いうのは : ~이라는 것은, ~이란
[ゆう]

⇨ 人生(じんせい) と いうのは、いったい 何(なん)でしょう。
(인생이란 도대체 무엇일까요?)
すもう と いうのは、日本で 人気(こんき)が ある スポーツだ。
(스모란 일본에서 인기 있는 스포츠다.)

❿ ~て しまう : ~해 버리다 (= ~ちゃう, 완료)

⇨ 手紙(てがみ)を すぐ 書いて しまう。
(편지를 금방 써버리다.)
子犬(こいぬ)が きのう 死(し)んで しまいました。
(강아지가 어제 죽고 말았습니다.)

⓫ ~て みては どうですか : ~해보는 것은 어떨까요?

⇨ この 小説(しょうせつ)を 読(よ)んで みては どうですか。
(이 소설을 읽어보는 것은 어떨까요?)

8課　きょうは 雪が 降る そうです。

きょうの 空模様は、どうですか。
天気予報に よると、午後は 雪が 降る そうです。
雨は 降り そうもありません。
それから、風も 吹き そうもないです。

雪は たくさん 降る そうです。
よかったですよね。雪だるまを 作ろうと 思いますが …。
楽しみですね。

鈴木さんは、にこにこ して いますね。
きょう 気分が よさそうですね。
なにか あったのですか。
それは、韓国の 友だちから おみやげを もらった からです。
ああ、そうですか。
山田さんの 表情から すると、どうも おかねが なさそうです。
おかねを 貸して あげましょうか。
いいえ、だいじょうぶです。

단어 해설

새로운 한자

- 雪(ゆき) : 눈
- 降(ふ)る : (V) 내리다
- 空模様(そらもよう) : 날씨
- 天気予報(てんき-よほう) : 일기예보
- 午後(ごご) : 오후
- 雨(あめ) : 비
- 風(かぜ) : 바람
- 吹(ふ)く : (V) 불다
- 作(つく)る : (V) 만들다
- 思(おも)う : (V) 생각하다
- 楽(たの)しみ : 기대됨, 즐거움
- 気分(きぶん) : 기분
- 韓国(かんこく) : 한국
- 友(とも)だち : 친구
- 山田(やまだ)さん : 야마다씨(성)
- 表情(ひょうじょう) : 표정
- 貸(か)す : (V) 빌려주다

중요한 단어

1. 天気予報(てんき-よほう) : 일기예보

   ⇨ 今日(きょう)の 天気予報は 当(あ)たった。

   (오늘 일기예보는 맞았다.)

2. 雪(ゆき)だるま : 눈사람

⇨ 雪だるまを 作(つく)りながら 遊(あそ)んだ。

(눈사람을 만들면서 놀았다.)

3. 気分(きぶん) : 기분

⇨ きょうは 気分が のらない。

(오늘은 기분이 나지 않아.)

4. おみやげ(土産) : 선물 (현지 생산 상품)

⇨ 日本の お茶(ちゃ)を おみやげ として いただきました。

(일본 차를 선물로 받았습니다.)

5. 貸(か)す : (V) 빌려주다

⇨ いそがしいので 手(て)を 貸して あげた。

(바쁘기 때문에 도와주었다.)

6. だいじょうぶ(大丈夫)だ : (Av) 괜찮다

⇨ 彼(かれ)に 任(まか)せて おけば だいじょうぶです。

(그에게 맡겨두면 괜찮습니다.)

용법 해설

❶ 두 개의「そうだ」용법

1) 양태(様態) (8과)

V의 用 A·Av의 어간 助v는 다양	+ そうだ : ~일 것 같다(様態)

⇨ ふり そうだ(비가 올 것 같다), おいし そうだ(맛있을 것 같다)
きれい そうだ(깨끗할 것 같다), ねられ そうだ(잠잘 수 있을 것 같다)

cf) よい (좋다) → よさ そうだ (좋을 것 같다), ない (없다) → なさ そうだ (없을 것 같다) (* 어간이 1음절일 때「さ」를 삽입)

cf)

否定形 : ~ ㄹ 것 같지 않다 (~ ㄹ 것 같지 않습니다)
→ ~そうではない(ありません), ~そうもない(ありません)
〔~そうにない(ありません)형도 드물게 있음〕

⇨ いき そうではない(갈 것 같지 않다)
いき そうではありません(갈 것 같지 않습니다)
おいし そうもない(맛있을 것 같지 않다)
おいし そうもありません(맛있을 것 같지 않습니다)

2) **전문(伝聞)** (양태의 「そうだ」 용법과 비교할 것)

活의 종지형 + そうだ : ~という, ~라고 한다(伝聞)

⇨ ふる そうだ (비가 온다고 한다), おいしい そうだ (맛있다고 한다), きれいだ そうだ (깨끗하다고 한다), ねられる そうだ (잠잘 수 있다고 한다)

❷ 空模様(そらもよう) : 날씨, (일이 되어 가는) 상태, 형세

⇨ 嵐(あらし)の 来(き)そうな 空模様だ。
(폭풍이 불 것 같은 날씨다.)
どうも 空模様が あやしい。
(아무래도 날씨가 이상하다.)
国会(こっかい)は、険悪(けんあく)な 空模様だ。
(국회는 험악한 형세다.)

❸ にこにこ : 생긋생긋, 생글생글

⇨ にこにこ しながら あいさつする。
(생글생글 웃으면서 인사하다.)
赤(あか)ちゃんが にこにこ 笑(わら)う。
(아기가 생긋생긋 웃는다.)

❹ 「あったのです」는, 회화체에서는 「あったんです」로 말해도 된다. 즉, 「~のです」(~NODESU)를 「~んです」(~NDESU)로 읽어도 좋다는 말이다.

⇨ 会社(かいしゃ)を やめたのです。→ 会社を やめたんです。
(회사를 그만 두었습니다.)

9課 | わたしは コーヒーが 好きです。

わたしは コーヒーが 好きです。
パンと お菓子も 好きです。
それから 果物も 好きです。とくに バナナは 大好きです。

お酒は どうですか。
お酒は あまり 好きでは ありません。
たばこは とても 嫌いです。
お肉は いかがですか。
あまり 好きでは ありません。でも アヒルの肉は 好きです。

わたしは ビールが 飲みたいです。
山田さんも ビールが 飲みたいですか。
はい、もちろんです。
ぶた肉も 食べたいですか。おつまみとして 食べたいです。
クラスメートたちも、ぶた肉を 食べたがって いますか。
おそらく そうだろうと 思いますよ。

キムさんは 車が ほしいですか。
わたしは 車は ほしく ないです。

わたしは まだ 学生だし、お金も ないから 無理です。

わたしの 友だちは、新型の 車を とても ほしがって います。

とくに ドライブするのを おもしろがって います。

단어 해설

새로운 한자

· 好(す)きだ : (Av) 좋아하다
· 菓子(かし) : 과자
· 果物(くだもの) : 과실, 과일
· 大好(だいす)きだ : (Av) 매우 좋아하다
· 酒(さけ) : 술
· 嫌(きら)いだ : (Av) 싫어하다
· 肉(にく) : 고기
· 飲(の)む : (V) 마시다
· 食(た)べる : (V) 먹다
· 思(おも)う : (V) 생각하다
· 車(くるま) : 자동차
· お金(かね) : 돈
· 無理(むり)だ : (Av) 무리다, 도리가 아니다
· 新型(しんがた) : 신형

중요한 단어

1. お～: (접두) 경어 (존경, 겸양, 美化)

⇨ お宅(たく)(댁), おいくつ(연세), おまいりします(찾아 뵙습니다), おかけ(술), おさら(접시)

2. それから : 그리고

⇨ りんごも、それから 梨(なし)も 好(す)きです。

(사과도, 그리고 배도 좋아합니다.)

3. とくに(特に) : 특히, 특별히

⇨ この 夏(なつ)は とくに むし暑(あつ)い。

(이번 여름은 특히 무덥다.)

4. あまり(余り) : 그다지

⇨ フランス語(ご)は 余り うまくは ない。

(프랑스어는 그다지 잘하지 못한다.)

5. いかが(如何) : 어떻게

⇨ このごろ いかが お過(す)ごし ですか。

(요즈음 어떻게 지내십니까?)

6. アヒル(家鴨) : 집오리

⇨ アヒルの 卵(たまご)

(오리의 알)

アヒルを 飼(か)って います。

(오리를 키우고 있어요.)

7. もちろん(勿論) : 물론, 말할 것도 없이

⇨ 卒業(そつぎょう)したのを もちろん 知(し)っている。

(졸업한 것을 물론 알고 있다.)

8. おつまみ(御摘まみ) : 간단한 (마른) 안주

⇨ ビールの おつまみ。

(맥주의 마른안주.)

いろいろの おつまみを つくって みましたよ。

(여러 안주를 만들어 봤습니다.)

9. ~として：(助) ~로서 (자격)

⇨ 韓国の 代表(だいひょう)として 参加(さんか)した。

(한국 대표로서 참가했다.)

10. おそらく(恐らく) : 아마, 어쩌면

⇨ 恐らく 雨(あめ)が 降(ふ)るだろう。

(아마 비가 올 것이다.)

11. ドライブする : (V) 드라이브 하다 (= drive)

⇨ 長(なが)い 半島(はんとう)を ドライブしました。

(긴 반도를 드라이브했습니다.)

12. おもしろい(面白い) : 재미있다, 즐겁다

⇨ 今度(こんど)の 海外旅行(かいがい-りょこう)は とても おもしろかったです。

(이번 해외여행은 대단히 재미있었습니다.)

용법 해설

❶ Ⓝ + が 好(す)きだ : ~을 좋아하다
嫌(きら)いだ : ~싫어하다

⇨ メロンが いちばん すきです。(멜론을 가장 좋아합니다.)
ぶたにくが 嫌いです。(돼지고기를 싫어합니다.)

cf) 서술어 「すきだ」「きらいだ」를 사용할 경우 대상의 조사는 「が」이다. 그러나 최근 노래 말에는 「を」가 자주 사용되는 것을 볼 수 있다.
⇨ どうして 君を 好きに なって しまったんだろう。(동방신기)
(왜 너를 좋아했을까?)

❷ 희망·욕구를 나타내는 표현

が 欲(ほ)しい : ~고 싶다
Ⓝ を(が) (V의 用) + たい : ~고 싶다 (1, 2인칭)
を (V의 用) + たがる : ~고 싶어하다 (3인칭)

⇨ 私は ガラスの くつが ほしい。
(나는 유리 구두를 갖고 싶다.)
私は 水が 飲みたい。
(나는 물을 마시고 싶다.)
妹(いもうと)は スカートを はきたがって います。
(여동생은 스커트를 입고 싶어 합니다.)

❸ 活의 終 + し (접속조사) : ~고, 며 (나열, 열거)

⇨ 長野さんは たばこも すうし、酒(さけ)も 飲(の)みます。

(나가노씨는 담배도 피우고 술도 마십니다.)

彼(かれ)は 頭(あたま)も いいし、スポーツも 万能(ばんのう)だ。

(그는 머리도 좋고 스포츠도 만능이다.)

春子は きれいだし、親切(しんせつ)だし、それに 人気(にんき)も あります。

(하루코는 예쁘며 친절하고 게다가 인기도 있습니다.)

私は まだ 学生だし、お金(かね)も ないから 車(くるま)は 買(か)えません。

(나는 아직 학생이고, 돈도 없기 때문에 차는 살 수 없습니다.)

本は 買(か)いたいし、お金は ないし、どうしよう。

(책은 사고 싶고 돈은 없고, 어쩌지?)

❹ A의 어간 + がる : ~워 하다 (동사化함)

⇨ こわい (무섭다) → こわがる (무서워하다)

かわいい (귀엽다) → かわいがる (귀여워하다)

おもしろい (재미있다) → おもしろがる (재미있어하다)

❺ 活의 終 + から : (助) ~니까, ~ 때문에 (원인·이유)

⇨ 買(か)って あげるから しずかに なさい。

(사줄 테니까 조용히 해요.)

寒(さむ)いから 窓(まど)を しめて くれ。

(추우니까 창을 닫아 줘.)

つまらないから やめた 方(ほう)が いいよ。

(시시하니까 그만두는 것이 좋겠다.)

よく 分(わ)からないから 聞(き)いて みよう。

(잘 모르니까 물어보자.)

10課 山田さんは、韓国の 新聞が 読めますか。

キムさんは、水泳が 出来ますか。
はい、うまくは 出来ませんが、すこし 出来ます。
今月から 本格的に 習おうと 思っています。

山田さんは、 英語を 話す ことが 出来ますか。
はい、すこし 話す ことが 出来ます。
タイムと いう 雑誌は 読む ことが 出来ますか。
はい、読む ことは 出来ます。

キムさんは、AERAと いう 週刊誌が 読めますか。
えっ、AERAって なんですか。
朝日新聞が 発行して いる 雑誌です。
そうですか。知りませんでした。
ちょっと 読めますが、そんなに すごくは ありません。

鈴木さんは、アイパッドを 持って いますか。
はい、持って います。
うちの 学生は たいてい 持って います。
びっくり しました。うらやましいです。
アイパッドを 打つ 時、左の手で 打てますか。
いいえ、打てません。
わたしは、右ききですよ。でも、両手を 使います。

キムさんは、日本語で 電話が かけられますか。
いいえ、まだ かけられません。
いっしょうけんめい 頑張ろうと 思います。

山田さんは、あした 朝 早く 起きられますか。
何時 ごろ でしょうか。5時 ごろです。
いや、起きられません。朝は 弱いので こまります。
それは、ざんねんですね。

田中さんは、ゴルフ 出来ますか。
ゴルフは あまり 出来ません。
このごろ、ゴルフの かわりに 競歩を して います。
競歩と いうのは、なんですか。
足の 裏を はなさずに、歩く スポーツです。
おもしろい スポーツですね。
はい、とても おもしろいです。
からだに、たいへん よいと 思います。
週に 二度、三キロぐらい 歩きますが、汗が 出て たいへんです。
一か月ぐらい すれば、体が もっと 軽く なる ように なります。
それに、川を 眺めながら 歩くのが なにより 楽しみです。

단어 해설

새로운 한자

- 韓国(かんこく) : 한국
- 新聞(しんぶん) : 신문
- 読(よ)む : (V) 읽다
- 水泳(すいえい) : 수영
- 出来(でき)る : (V) 할 수 있다
- 今月(こんげつ) : 이번 달
- 本格的(ほんかくてき)だ : (Av) 본격적이다
- 習(なら)う : (V) 배우다
- 思(おも)う : (V) 생각하다
- 英語(えいご) : 영어
- 話(はな)す : (V) 이야기하다
- 雑誌(ざっし) : 잡지
- 週刊誌(しゅうかんし) : 주간지
- 朝日新聞(あさひ-しんぶん) : 아사히신문
- 発行(はっこう) : 발행
- 知(し)る : (V) 알다
- 持(も)つ : (V) 가지다
- 学生(がくせい) : 학생
- 打(う)つ : (V) 치다
- 時(とき) : 때
- 左手(ひだりて) : 왼쪽 손
- 右(みぎ)きき : 오른손잡이
- 両手(りょうて) : 양손
- 使(つか)う : (V) 사용하다

・日本語(にほんご)：일본어
・電話(でんわ)：전화
・頑張(がんば)る：(V) 노력하다, 힘내다
・朝早(あさはや)く：아침 일찍
・起(お)きる：(V) 일어나다
・何時(なんじ)ごろ：몇 시쯤
・弱(よわ)い：약하다.
・競歩(きょうほ)：경보
・足(あし)の裏(うら)：다리 뒷쪽
・歩(ある)く：(V) 걷다
・週(しゅう)：주(일주일)
・二度(にど)：2번
・汗(あせ)：땀
・出(で)る：(V) 나가다, 나오다
・一か月(いっかげつ)：1개월
・体(からだ)：몸
・軽(かる)い：가볍다
・川(かわ)：강
・眺(なが)める：(V) 바라보다, 전망하다
・楽(たの)しみ：기대됨, 즐거움

중요한 단어

1. うまく：솜씨 좋게, 잘

   ⇨ うまく 行(い)きますよ。

   (일이 잘 되가고 있어요.)

2. 本格的(ほんかくてき)だ：(Av) 본격적이다

⇨ 本格的な 寒(さむ)さが 始(はじ)まった。
(본격적인 추위가 시작됐다.)

3. タイム : 타임 (= TIME, 미국 시사주간지)
⇨ 有名(ゆうめい)な アメリカの タイム誌(し)。
(유명한 미국의 타임지.)

4. ~と いう : ~라고 말하다, ~라고 하다
⇨ リンカーン と いう 政治家(せいじか)。
(링컨이라는 정치가.)

5. AERA : 아에라 (아사히신문의 주간잡지)
⇨ AERAに 掲載(けいさい)された 関連記事(かんれん-きじ)。
(아에라에 게재된 관련기사.)

6. えっ : (감탄) 앗, 엇
⇨ えっ、これは 驚(おどろ)いたな。
(앗, 이건 놀랍구나.)

7. ~って : ~라는 것은 (「~というのは」의 압축된 말)
⇨ 因縁(いんねん)って 何(なん)でしょう。
(인연이라는 것은 무엇일까요?)

8. すごく : 굉장히, 몹시
⇨ このドラマ、すごく おもしろい。
(이 드라마, 굉장히 재미있어.)

9. アイパッド : 아이패드 (= iPad)
⇨ アイパッド用(よう) デジタルペン。
(아이패드용 디지털 펜.)

10. 右利(みぎき)き : 오른손잡이 ［↔ 左利(ひだりき)き］

⇨ 右ききの 選手(せんしゅ)と 対決(たいけつ)した。

(오른손잡이 선수와 대결했다.)

11. でも : 그래도, 그러나

⇨ でも 昇進(しょうしん)は 悪(わる)く ない。

(그래도 승진은 나쁘지 않다.)

でも 大(たい)して 役(やく)には 立(た)ちませんよ。

(그러나 그렇게 쓸모 있지 않았습니다.)

12. 頑張(がんば)る : (V) 노력하다, 힘내다

⇨ 頑張って 活動(かつどう)して いきたい。

(힘껏 활동해 나가고 싶다.)

13. 弱(よわ)い : 약하다

⇨ 母(はは)は 体(からだ)が 弱いので 冬(ふゆ)の 厳(きび)しい 寒(さむ)さが 人一倍(ひといちばい) こたえるらしい。

(엄마는 몸이 약하기 때문에, 겨울의 혹독한 추위를 유달리 잘 타는 것 같다.)

14. こま(困)る : (V) 곤란하다, 난처하다

⇨ 傘(かさ)を 忘(わす)れて こまっている 友達(ともだち)を 私の 傘(かさ)に 入(い)れて やった。

(우산을 잊어버리고 곤란해 하던 친구를 제 우산으로 씌워 주었다.)

15. ～の かわりに : ～대신(에)

⇨ ごはんの かわりに 食(しょく)パンを おいしく 食(た)べた。

(밥 대신 식빵을 맛나게 먹었다.)

16. よい ：(A) 좋다 (= いい)

⇨ 運が よくて 優勝(ゆうしょう)しました。

(운이 좋아 우승했습니다.)

17. なにより ： 무엇보다도 좋은, 최상의

⇨ なにより 重要(じゅうよう)な 書類(しょるい)です。

(무엇보다 중요한 서류입니다.)

용법 해설

❶ 가능(可能)의 표현

1) **「出来(でき)る」**(上1, 自V)를 사용 -- 경우에 따라서는 **「漢語N + できる」** 를 자주 사용 ('漢語N'란, 한자로 이루어진 명사를 말함.)

⇨ フランス語が できる。(불어를 할 수 있다)
信頼(しんらい) できる。(신뢰할 수 있다)

2) **「V의 体 + ことが できる」를 사용** (구체적인 동작의 가능을 말함)

⇨ 読む → 読む ことが できる。(읽을 수 있다)
食べる → 食べる ことが できる。(먹을 수 있다)

3) **「可能V」로 바꾸어 사용**
(단, 5단V만 가능함 - 5단의 기본형어미 「ウ段」 → 「エ段 + る」)

⇨ 読む → 読める (읽을 수 있다,)
書く → 書ける (쓸 수 있다,)
起きる(上1) → 起きれる(일어 날 수 있다,)

4) **助V 「(ら)れる」를 사용** -- 「V의 未 + (ら)れる」
※ V의 未에는 「ない형」 「う형」 두 가지 형이 있다. 여기서는 「ない형」을 말함 (단, 「する」는 「さ」에 붙음)을 말함 -- <입문편 14과의 3번> 「ない형」 참조

<참조>

5단, する	+(未)+	れる：いかれる, される		受身 -18과
				自発 -없음
				可能 -10과
上1, 下1, くる		られる：おきられる, たべられる, こられる		尊敬 -20과

(단,「する」는「される」로 쓰지 않고「できる」를 사용함.)

⇨ 書く → 書かれる (쓸 수 있다)
食べる → 食べられる (먹을 수 있다)

❷ V의 未 + ず(に) : ~지 않고, 否定 (= ~ないで)

⇨ 日本語で 話(はな)さず 韓国語で 話(はな)して ください。
(일본어로 말하지 말고 한국어로 말해주세요.)
親(おや)にも 相談(そうだん)せずに、留学(りゅうがく)を きめた。
(부모님과 상의도 않고, 유학을 결정했다.)
何(なに)も 食(く)わず 寝(ね)ている。(아무것도 먹지 않고 자고 있다.)

❸ V의 体 + ように なる : ~이도록 되다

⇨ このごろは 一人(ひとり)で 電車(でんしゃ)に 乗(の)れる ように なりました。
(요즘은 혼자서 전차를 탈 수 있게 되었습니다.)
私も 自然(しぜん)に 敬語(けいご)が 使(つか)える ように なりました。
(저도 자연스레 경어를 쓸 수 있게 되었습니다.)

❹ V의 用 + ながら : ~하면서 (동시 동작)

⇨ クラシック音楽(おんがく)を 聞きながら 運転(うんてん)しました。
(클래식 음악을 들으면서 운전했습니다.)
女(おんな)の子(こ)は 泣(な)きながら 走(はし)って いきました。
(여자아이는 울면서 뛰어갔습니다.)

11課 キムさんは、兄弟が ありますか。

鈴木さんは、子どもが ありますか。
二人 あります。
上の子は 女の子で、下の子は 男の子です。

今年 いくつですか。
上の子は、五さいで、下の子は 三さいです。
しあわせな 家族ですね。
まるで 人形の ように かわいいでしょう。
そうです。かわいいですよ。

キムさんは、兄弟が ありますか。
はい、あります。六人 兄弟です。
いちばん 上の 人は、男ですか。
いいえ、姉です。
キムさんは 何番目ですか。
わたしは 四番目です。
背が どのぐらい ありますか。
170センチ あります。

体重は、どのぐらい ありますか。
70キロ あります。
さいきん ダイエットして 3キロ へらしたのです。
あ、そうですか。

できるだけ、お酒を 飲まない ように した ほうが いいです。
はい、わかりました。

そして タバコは、絶対 やめた ほうが いいです。
わたしは、去年 思いきって やめたんです。
「百害(ひゃくがい) あって 一利(いちり) なし」
と いう ことばも あるでしょう。

いちばん 下の 弟は、アメリカじんの ようです。
ブラッド ピットに 似て いますよ。

단어 해설

새로운 한자

- 兄弟(きょうだい) : 형제
- 子(こ)ども : 아이
- 二人(ふたり) : 두 명
- 上(うえ)の子(こ) : 윗 아이, 큰아이
- 女(おんな)の子(こ) : 여자 아이
- 下(した)の子(こ) : 밑 아이, 작은 아이
- 男(おとこ)の子(こ) : 남자 아이
- 五(ご)さい : 5살
- 三(さん)さい : 3살
- 家族(かぞく) : 가족
- 人形(にんぎょう) : 인형
- 六人(ろくにん) : 여섯 명
- 姉(あね) : 언니, 누나
- 何番目(なんばんめ) : 몇 번째
- 四番目(よんばんめ) : 네 번째
- 背(せ) : 키
- 170(ひゃく-ななじゅう)センチ : 170 센티
- 体重(たいじゅう) : 체중
- 70(ななじっ)キロ : 70 킬로그램
- お酒(さけ) : 술
- 絶対(ぜったい) : 절대
- 去年(きょねん) : 작년
- 思(おも)いきって : 과감히, 큰맘 먹고
- 百害(ひゃくがい) : 백가지 해

・ 一利(いちり) : 한 가지 이로움
・ 似(に)る : (V) 닮다

중요한 단어

1. いくつ : 몇 살, 몇 개

⇨ 年(とし)は いくつですか。
(나이는 몇 살입니까?)
はこの 中(なか)に みかんは いくつ ありますか。
(상자 안에 귤은 몇 개 있습니까?)

2. しあわせ(幸せ)だ : (Av) 행복하다, 행운이다

⇨ ふたりで しあわせに 暮(くら)した。
(둘이서 행복하게 살았다.)

3. まるで : 마치, 꼭

⇨ まるで 夢(ゆめ)の ようだ。
(마치 꿈같다.)
象(ぞう)は まるで 手(て)のように 鼻(はな)を 上手(じょうず)に 使(つか)う。
(코끼리는 마치 손과 같이 코를 능숙하게 사용한다.)

4. かわいい(可愛い) : 귀엽다

⇨ サランちゃんは とても かわいい 顔(かお)を している。
('사랑이'는 매우 귀여운 얼굴을 하고 있다.)

5. ～でしょう : ～겠지요, ～지요?

⇨ きれいだな。そうでしょう?
(예쁘네 …. 그렇지요?)

6. いちばん(一番) : 제일, 가장

⇨ 日本で いちばん 高(たか)い 山は 富士山(ふじさん)です。

(일본에서 제일 높은 산은 후지산입니다.)

7. ～番目(ばんめ) : (조수) ～번째

⇨ 彼女(かのじょ)は 二番目の 娘(むすめ)です。

(그녀는 둘째 딸입니다.)

8. 背(せ) : 키

⇨ こうして 二人(ふたり) 並(なら)んで みると、妹(いもうと)の ほうが 若干(じゃっかん) 背が 高(たか)いようです。

(이렇게 둘이 서보니까, 동생이 약간 키가 큰 것 같습니다.)

9. どのぐらい : 어느 정도

⇨ ウルサン駅(えき)から 大学(だいがく)まで どのぐらい かかりますか。

(울산역에서 대학까지 어느 정도 걸립니까?)

10. ダイエット : 다이어트 (= diet)

⇨ ダイエット中(ちゅう)ですので 夕食(ゆうしょく)は ときどき 食べません。

(다이어트 중이기 때문에 저녁식사는 때때로 먹지 않습니다.)

11. へ(減)らす : (V) 줄이다

⇨ 肉(にく)を へらして 野菜(やさい)を 食べます。。

(육류를 줄이고 야채를 먹습니다.)

12. できるだけ : 가능한 한, 되도록

⇨ できるだけ すぐに 戻(もど)ります。

(가능한 한 빨리 돌아오겠습니다.)

13. 思(おも)いきって : 큰맘 먹고, 과감히

⇨ 思いきって 遊(あそ)んで やろう。

(실컷 놀아야지.)

若者(わかもの)は、思いきって 村(むら)を 出(で)る 決心(けっしん)を 固(かた)めた。

(젊은이는 과감히 마을을 떠날 결심을 굳혔다.)

14. 百害(ひゃくがい) あって 一利(いちり) なし : 백해무익

⇨ たばこは、百害 あって 一利 なし なので 止(や)めます。

(담배는 백해무익이기 때문에 끊겠습니다.)

15. ことば(言葉) : 말, 언어

⇨ いなかの ことばは おもしろいです。

(시골말은 재미있습니다.)

彼が 私に 投(な)げつけた 痛烈(つうれつ)な 言葉が、今(いま)でも 心(こころ)に 残(のこ)っている。

(그가 나에게 내 뱉은 매서운 말이 아직도 마음속에 남아있다.)

16. ブラッド ピット : 브래드 피트 (= Brad Pitt, 미국 인기배우)

⇨ ブラッド ピットは アメリカの 有名(ゆうめい)な 映画俳優(えいが-はいゆう)だ。

(브래드 피트는 미국의 유명한 영화배우다.)

17. 似(に)る : (V) 닮다

⇨ 彼女(かのじょ)は 父親(ちちおや)に 似ている。

(그녀는 아버지를 닮았다.)

용법 해설

❶ 소유(所有)의 <ある 용법> - <存在의 ある 와 いる 용법>
(입문편 4과, 5과 참조)

⇨ 私には かわいい 小犬(こいぬ)が 二匹(にひき) ある。
(나에게는 귀여운 강아지 두 마리가 있다.)
私は したしい 友だちが 三人(さんにん) ある。
(나는 친한 친구가 세 사람 있다.)

❷ 수량의 N (크기, 거리, 무게, 체온, 기온) + ある
→ ~되다

⇨ 170cm ある (170센티 된다), 10km ある, 70kg ある, 37度 ある, 40度 ある, 63階も ある ビル。(63층이나 되는 빌딩)

❸ 「のです」의 용법

V의 体 + のです : ~것입니다 (단정, 주장, 강조, 「のだ」의 공손체)
+ んです (NODESU → NDESU, 회화체)

⇨ 学校を やめた のだ。(→ のだ → んだ)
(학교를 그만두었다.)
あなたと ぜひ メール 交換(こうかん)をして みたいのです。(→ のです → んです)
(당신과 꼭 메일교환을 해 보고 싶습니다.)

❹ ようだ의 용법

Ⓝ + の ようだ　: ～와 같다 (비유)
Ⓝ + の ようだ　: ～와 같다 (예시)
(活의 体) + ようだ : ～ㄹ 것 같다 (불확실 단정)

⇨ かれは イ·スンギの ようだ。
(그는 이 승기 같다.)
コーラの ような 冷(つめ)たい もの。
(콜라 같은 차가운 음료.)
雨が ふる ようだ。
(비가 올 것 같다.)

cf) ～ないように : ～지 않도록 (행위의 목적)

⇨ おくれないように 気(き)を つけて くださいね。
(늦지 않도록 주의해요.)

❺ 비교 선택

(V의 用) + た ほうがいい → ～쪽이 좋다 (불명확)
(V의 終) + 　ほうがいい → ～쪽이 좋다 (명확)

⇨ その場合(ばあい)は 日本人に 聞(き)いた ほうが いいですよ。
(그 경우는 일본인에게 묻는 편이 좋습니다.)
アパートは 交通(こうつう)が もっと 便利(べんり)な ほうが いいです。
(아파트는 교통이 좀 더 편리한 쪽이 좋습니다.)
無理(むり)を しない ほうが いい。
(무리하지 않는 쪽이 좋다.)

12課　英語と 中国語と どちらが 易しいですか。

キムさん、いま 夏休みですね。
はい、夏休みです。
どこかへ 行って 来ましたか。
はい、日本へ 行って 来ました。

松山で 仕事が あって 一週間 ぐらい いました。
うちの 日本研修団との 交流会が ありまして。
そう なんですか。おつかれさまでした。

田中さんは、最近 英語を 習って いますか。
いいえ、中国語を 習って います。
英語と 中国語と どちらが 易しいと 思いますか。
英語の ほうが 易しいと 思います。

どうして ですか。
中国語の 発音は、英語より むずかしいと 思います。
やはり 四声が 難しいですね。

山田さん、外国語の なかで、何語が 易しいと 思いますか。

わたしは、いちばん 易しいのは、韓国語だと 思います。
どうして ですか。
いままで ずっと 習っていたので なれて いますからね。
それから、わたしには 韓国人の 友だちが
たくさん いるからです。

鈴木さんは、ソウルへは 行った ことが ありますか。
最近は、行って いませんが、二年前 ソウル観光を した ことが あります。
秘苑(ビウォン)へも 行ったんですか。
もちろんですとも。あそこは、素適でしたね。

단어 해설

새로운 한자

- 英語(えいご) : 영어
- 中国語(ちゅうごくご) : 중국어
- 易(やさ)しい : 쉽다
- 夏休(なつやす)み : 여름방학
- 行(い)って来(く)る : 다녀오다
- 日本(にほん) : 일본
- 松山(まつやま) : 마츠야마
- 仕事(しごと) : 일
- 一週間(いっしゅうかん) : 일주일간
- 日本研修団(にほん-けんしゅうだん) : 일본연수단
- 交流会(こうりゅうかい) : 교류회
- 最近(さいきん) : 최근
- 習(なら)う : (V) 배우다
- 発音(はつおん) : 발음
- 四声(しせい) : 사성 (한자의 네 가지 성조)
- 難(むずか)しい : 어렵다
- 外国語(がいごくご) : 외국어
- 何語(なにご) : 무슨 언어
- 韓国人(かんこくじん) : 한국인
- 友達(ともだち) : 친구
- 二年前(にねんまえ) : 2년 전
- 観光(かんこう) : 관광
- 秘苑(ビウォン) : 비원 (창덕궁)
- 素敵(すてき)だ : (Av) 멋지다

중요한 단어

1. 易(やさ)しい : 쉽다 [↔ 難(むずか)しい]

   ⇨ 口(くち)で 言(い)うのは 易しい。

   (입으로 말하기는 쉽다.)

2. ～休(やす)み : ～방학, ～휴식시간, ～휴가

   ⇨ もう 直(じき) 夏休みだ。

   (이제 곧 여름방학이다.)

   昼(ひる)休みは 1時間(いちじかん)です。

   (점심 휴식시간은 1시간입니다.)

3. 仕事(しごと) : 일, 업무

   ⇨ わたしの 仕事は よく 捗(はかど)っている。

   (내 일은 잘 진척되고 있다.)

4. うちの ～ : 우리 ～

   ⇨ うちの 村(むら)には 梨(なし)が たくさん とれます。

   (우리 마을에는 배가 많이 납니다.)

5. ～が ありまして : ～가(이) 있어서

   ⇨ 人気(にんき)が ありましてね。

   (인기가 있어서요.)

   美術展覧会(びじゅつ-てんらんかい)が ありましてね。

   (미술전람회가 있어서요.)

6. おつかれさまでした(お疲れ様でした) : 수고하셨습니다 (손위 사람에게)

   ⇨ 先生。今晩(こんばん)の 音楽会(おんがくかい) とても おつかれさまでした。

   (선생님. 오늘 밤 음악회 정말 수고하셨습니다.)

7. やはり : 역시

⇨ やはり すごかったね。

(역시 대단했어.)

8. な(慣)れる : (V) 익숙해지다

⇨ この スマートフォンは 一週間(いっしゅうかん)で なれた。

(이 스마트폰은 일주일 만에 익숙해졌다.)

9. 秘苑(ビウォン) : 서울의 비원 (= 창덕궁)

⇨ 外国人(がいこくじん)は たいてい 秘苑に 行きます。

(외국인은 대체로 비원에 갑니다.)

10. もちろん(勿論)ですとも : 물론입니다

⇨ もちろんですとも、お客(きゃく)さま。

(물론입니다, 손님.)

11. 素敵(すてき)だ : (Av) 멋지다

⇨ あの ユニホームは とても 素敵です。

(저 유니폼은 정말 멋있어요.)

용법 해설

❶ A : ~と ~と(では) どちらが ~ですか : ~와~(와) 어느 쪽이 ~ㅂ니까? (선택)

(우리말의 마지막 「와」는 생략 가능)

B : ~の ほうが ~です : ~쪽이 ~입니다

⇨ バスと タクシーと どちらが 速いですか。
(버스와 택시랑 어느 쪽이 빠릅니까?)
金さんは 演歌(えんか)と ポップスと どちらが 好きですか。
(김씨는 일본가요와 팝송 중에 어느 쪽이 더 좋습니까?)
ポップスの ほうが 好きです。(팝송 쪽이 좋습니다.)

❷ より (조사 :~보다, 비교)와 ほど (조사 :~만큼, 정도)

⇨ 予定(よてい)より 早(はや)く。
(예정보다 빨리.)
涙(なみだ)が 出(で)るほど。
(눈물이 날 정도로.)
この 会社(かいしゃ)で あなたほどの 努力家(どりょくか)は いません。
(이 회사에서 당신 만큼의 노력가는 없습니다.)

❸ V의 用+ た ことが ある : ~ㄴ 적이 있다 (과거의 경험)

⇨ 若(わか)いとき おもちゃの 飛行機(ひこうき)に 乗った ことが ある。
(나는 장난감 비행기를 타 본 적이 있다)
今(いま)まで こんな すばらしい 絵(え)を 見た ことが ありません。
(지금까지 이런 멋진 그림은 본 적이 없습니다.)

❹ 活의 終 + からです : ~이기 때문입니다 (원인·이유) ····14과에서 후설함

⇨ 雨が ふるからです。

(비가 내리기 때문입니다.)

まだ 若(わか)いからです。

(아직 젊기 때문입니다.)

この かばんは 便利(べんり)だからです。

(이 가방은 편리하기 때문입니다.)

13課 エアコンを つけても いいですか。

鈴木さん、このごろ 気温が すごく たかいですね。

今日の 気温は、きのうより 高く なる でしょうか。

たぶん 高く なる だろうと 思います。

何度 ぐらいに なる でしょうか。

そうですね。天気予報に よると、きのう ウルサンの ほうは、37度まで 上がった そうです。

なので、こっちも あまり 変らないと 思います。

たいへんですね。

いま 電力が なかなか 大きい 問題に なって います。

それで、政府では、特別な 節電対策を 立てて いると いうんですよ。

キムさんの 家庭では 節電するには、どう して いますか。

まずは、要らない ところでは 絶対 電気は つけて いません。

それから、できるだけ たまに エアコンを つけないようにして、主に 扇風機を 使って います。

うちの 家も、要らない 電気は 消せば いいですね。

いっしょに 電気の 節約を がんばらなくちゃ …。

大学の なかでは、たばこを すっても いいですか。

すってはいけません。禁煙区域です。
健康に けっして よく ないです。
これからは すわないで くださいね。
その かわりに、運動を すると、たばこは やめやすいですよ。
われわれ 人間は、運動を しなければ なりません。

山田さん、ちょっと うかがいますが、お酒と たばこは、好きですか。
酒は 好きですが、たばこは 吸いません。
でも、酒は アルコール なしの ものも 飲みます。

단어 해설

새로운 한자

- 気温(きおん) : 기온
- 今日(きょう) : 오늘
- 高(たか)い : 높다
- 思(おも)う : (V) 생각하다
- 何度(なんど) : 몇도
- 天気予報(てんき-よほう) : 일기예보
- 37度(さんじゅうなな-ど) : 37도
- 上(あ)がる : (V) 오르다
- 変(か)わる : (V) 변하다
- 電力(でんりょく) : 전력
- 問題(もんだい) : 문제
- 政府(せいふ) : 정부
- 特別(とくべつ) : 특별
- 節電対策(せつでん-たいさく) : 절전대책
- 家庭(かてい) : 가정
- 要(い)らない : 필요 없다
- 絶対(ぜったい) : 절대
- 電気(でんき) : 전기
- 消(け)す : (V) 끄다
- 主(おも)に : 주로
- 扇風機(せんぷうき) : 선풍기
- 使(つか)う : (V) 사용하다
- 節約(せつやく) : 절약
- 大学(だいがく) : 대학교

・ 禁煙区域(きんえん-くいき) : 금연구역
・ 健康(けんこう) : 건강
・ 運動(うんどう) : 운동
・ 人間(にんげん) : 인간
・ 好(すき)だ : (Av) 좋아하다
・ 吸(す)う : (V) 피다, 빨아들이다.
・ 飲(の)む : (V) 마시다

중요한 단어

1. ～だろう : ～일 것이다, ～일까 (추측, 의문)

⇨ たぶん 雪(ゆき)が ふるだろう。

(아마 눈이 올 것이다.)

噴水(ふんすい)の 真ん中(まんなか)に あるのは 何(なん)だろう。

(분수 한가운데 있는 것은 뭘까?)

2. ～に よると : ～에 의하면

⇨ 辞典(じてん)に よると、この 漢字(かんじ)は まちがって いる。

(사전에 의하면 이 한자는 틀렸다.)

3. 上(あ)がる : (V) 오르다, 올라가다

⇨ この 通(とお)りは スピードが 上がります。

(이 길은 스피드가 올라갑니다.)

4. ～そうだ : ～라 하다 (伝聞)

⇨ 彼(かれ)らは 大学(だいがく)の 同期(どうき)だ そうです。

(그들은 대학 동기라 합니다.)

5. ～なので ： ～때문에, ～이므로

⇨ 誕生日(たんじょうび)なので 手紙(てがみ)を 交換(こうかん)して いますね。

(생일이기 때문에 편지를 교환하고 있네요.)

6. 変(かわ)る ： (V) 변하다

⇨ 住(す)まいが よく 変ります。

(주소가 자주 바뀝니다.)

7. まず ： 우선, 먼저 (= まずは)

⇨ まず あいさつを しなさい。

(우선 인사를 드려라.)

まずは あいさつまで。

(우선은 인사차 안부 드립니다. 편지文)

8. 要(い)る ： (5단) 필요하다, 소용되다.

⇨ 用意(ようい)する 食べ物(もの)は 要りません。

(준비할 음식은 필요 없습니다.)

9. つける(付ける) ： (V) (불을) 붙이다, (스위치 등을) 켜다

⇨ 火(ひ)を つけて 水を わかす。

(불을 붙여 물을 끓이다.)

10. たまに ： 가끔

⇨ たまに 酒(さけ)を 飲(の)んで からおけにも 行きます。

(가끔 술을 마시고 노래방에도 갑니다.)

11. エアコン ： 에어컨 (= Air conditioner)

⇨ 事務室(じむしつ)に エアコンは ついて いますか。

(사무실에 에어컨은 달려 있습니까?)

12. 主(おも)に : 주로, 대부분

⇨ 夏(なつ)は 主に 別荘(べっそう)で すごします。

(여름에는 주로 별장에서 보냅니다.)

13. 消(け)す : (V) (불을) 끄다

⇨ 多(おお)くの 水(みず)を かけて 火(ひ)を 消します。

(많은 물을 뿌려 불을 끕니다.)

燃(も)えて いる 芝(しば)を たたき消した。

(불타고 있는 잔디를 때려서 끄다.)

14. ～なくちゃ : ～지 않으면 (= なくては의 준말)

⇨ 当(あ)たり前(まえ)に しなくちゃ いけない。

(당연하게 생각하지 않으면 안 된다.)

15. けっして(決して) : 결코, 절대로

⇨ けっして 言(い)うな。

(절대로 말하지 마라.)

16. ～やすい : (접미) ～기 쉽다

⇨ これは 飲(の)みやすい 薬(くすり)です。

(이것은 먹기 쉬운 약입니다.)

17. われわれ : 우리, 우리들

⇨ われわれ みんなは 韓国人(かんこくじん)です。

(우리 모두는 한국인입니다.)

18. うかがう(伺う) : (V) 여쭈다 ('듣다묻다'의 겸양어, = 聞(き)く)

⇨ もう ひとつ うかがいたい ことが あります。

(또 한 가지 여쭤 볼 일이 있습니다.)

19. なし(無し) : 없음 (= ない, 문어체)

⇨ 欠席者(けっせきしゃ) なし。

(결석자 없음.)

日本留学(りゅうがく) なし。

(일본유학 없음. '이력서' 상에)

용법 해설

❶ (V의 体) + には : ~하려면, ~하기 위해서는 (동작의 目的)

⇨ 結婚(けっこん)するには 家(いえ)が 要(い)る。
(결혼하려면 집이 필요하다.)
子どもが 遊(あそ)ぶには、ちょっと 遅(おそ)い 時間(じかん)ですね。
(아이가 놀기에는 좀 늦은 시간이네요.)
留学(りゅうがく) するには 用意(ようい) しなければ ならない。
(유학하기 위해서는 준비를 해야만 한다.)

❷ (V의 用) + ても いい : ~해도 좋다 (허가)
ても かまわない : ~해도 괜찮다 (허가)
ては いけない : ~해서는 안 된다 (금지)

⇨ ここで 写真(しゃしん)を とっても いいですか。
(여기서 사진 찍어도 됩니까?)
この 映画(えいが)は 青少年(せいしょうねん)が 見(み)ても かまわない。
(이 영화는 청소년이 봐도 상관없다.)
ここで タバコを 吸(す)っては いけない。
(여기에서 담배를 피우면 안 된다.)

❸ 「ましょう」와 「でしょう」의 용법

(V의 用) + ましょう
(N, A·V의 終, Av의 어간, 조사 の) + でしょう (인토네이션에 따라)
: ~이지요, ~합시다, ~이겠지요 [의지, 추측, 의향·권유(か가 잘 붙음)]

⇨ お互(たが)いに いい 友だちに なりましょう。
(서로 좋은 친구가 됩시다.)
明日(あした)は 晴(は)れましょう。
(내일은 개겠지요.)
外国人(がいこくじん)だから、日本語(にほんご)が 下手(へた)でしょう。
(외국인이니까 일본어가 서투르겠죠.)
あなたは まだ 未成年(みせいねん)でしょう?
(당신은 아직 미성년자죠?)
きれいだなあ。でしょう?
(예쁜데. 그렇지요?)
でも、人が 多(おお)いでしょう。
(하지만, 사람이 많을 거예요.)
彼女(かのじょ)は たぶん 来るのでしょう。
(그녀는 아마 오겠지요.)

❹ (V의 終) + と : ~하면, ~한 즉, ~니까 (조건, 결과 표현)

-- <19과> 참조

⇨ 春(はる)に なると お花が 咲(さ)きます。
(봄이 되면 꽃이 핍니다.)
トンネルを 抜(ぬ)けると、雪国(ゆきぐに)だった。
(터널을 빠져나오자 온통 눈 세상이었다.)

❺ (V의 未) + ないで ください : ~하지 말아 주십시오 (금지표현)

⇨ 危(あぶ)ない ところで 遊(あそ)ば ないでください。
(위험한 곳에서 놀지 마세요.)
押(お)さ ないでください。
(밀지 말아 주세요, 밀지 마세요)

❻ (V의 未) + なければ ならない

なくては いけない

ないと だめだ

: ~하지 않으면 안 된다. ~해야 한다 (당연, 의무 표현)

(* 축약현상 : なければ → なけりゃ → なきゃ, なくては → なくちゃ)

⇨ 約束(やくそく)は 守(まも)ら なければ ならない。

(약속을 지키지 않으면 안 됩니다.)

いくら 辛(から)くても 我慢(がまん)し なくては いけない。

(아무리 매워도 참지 않으면 안 된다.)

朝(あさ) 7時(しちじ)までに 起きないと だめだ。

(아침 7시까지 일어나지 않으면 안 된다.)

❼ なかなか + 긍정 → 매우, 대단히 (= たいへん)

+ 부정 → 좀처럼

⇨ きょうは なかなか 寒(さむ)い。

(오늘은 매우 춥다.)

なかなか いそがしいんです。

(대단히 바쁩니다.)

窓(まど)が なかなか 開(あ)かない。

(창문이 좀처럼 열리지 않는다.)

14課　日曜日なのに、学校へ 行くんですか。

キムさん、あしたは 祝日なので、区役所は やって いません。

そう なんですか。知らなかったです。

どう しよう …。あしたまでに、かならず、書類を 出さなければ だめなのですが …。

それは、困りましたね。

きょう 日曜日なのに、学校へ 行くんですか。

はい、授業は ないですが、レポートを 書く ために 行かなければ いけません。

それで 学校の 図書館へ 行きます。

図書館では、みんな 勉強して いますから、静かに して ください。

ほかの 人の 邪魔に なっては いけませんね。

鈴木さん、いまから 授業が あるのに、うちへ 帰るの。

はい、帰ります。

からだの 調子が 悪いからです。

きのう 一晩じゅう レポートを 書いて いたからです。

단어 해설

새로운 한자

- 日曜日(みちようび) : 일요일
- 学校(がっこう) : 학교
- 行(い)く : 가다
- 祝日(しゅくじつ) : 국경일
- 区役所(くやくしょ) : 구청
- 知(し)る : (5단) 알다
- 書類(しょるい) : 서류
- 出(だ)す : (V) 내다
- 困(こま)る : (V) 곤란하다
- 授業(じゅぎょう) : 수업
- 書(か)く : (V) 쓰다
- 図書館(としょかん) : 도서관
- 勉強(べんきょう)する : (V) 공부하다
- 静(しず)かだ : (Av) 조용하다
- ほかの人(ひと) : 다른 사람
- 邪魔(じゃま) : 방해
- 帰(かえ)る : (5단) 돌아가다
- 調子(ちょうし) : 몸 상태
- 悪(わる)い : 나쁘다, 좋지 않다
- 一晩(ひとばん)じゅう : 하루 종일

중요한 단어

1. 祝日(しゅくじつ) : 축일, 공휴일

 ⇨ 元旦(がんたん)は 祝日です。

  (1월 1일은 공휴일입니다.)

2. かなら(必)ず : 반드시, 꼭

 ⇨ かならず 合格(ごうかく)します。

  (꼭 합격하겠습니다.)

3. 出(だ)す : (V) 내다

 ⇨ この会社(かいしゃ)に 願書(がんしょ)を 出した。

  (이 회사에 원서를 냈다.)

4. 困(こま)る : (V) 곤란하다

 ⇨ 大学(だいがく)の 学費(がくひ)に 困って いる。

  (대학 학비에 곤란을 겪고 있다.)

5. ない(無い) : (A) 없다

 ⇨ ポケットの 中には なにも ないです。

  (주머니 안에는 아무 것도 없습니다.)

6. 静(しず)かだ : (Av) 조용하다

 ⇨ このあたりに 静かな レストランが あったら 教(おし)えて ください。

  (이 부근에 조용한 레스토랑이 있으면 가르쳐주세요.)

7. 調子(ちょうし) : 상태, 컨디션

 ⇨ いまは からだの 調子が とても いいです。

  (지금은 몸 컨디션이 매우 좋습니다.)

8. 一晩(ひとばん)じゅう : 밤새(내내)

⇨ <u>一晩じゅう</u>、友(とも)だちと たのしく 遊(あそ)びました。

(밤새 친구와 즐겁게 놀았습니다.)

용법 해설

❶ 접속조사「から」「ので」「のに」의 용법

(活의 終) + から : ~니까 (원인, 이유) .... 주관적 (주절에 명령, 희망, 금지 등)

(活의 体) + ので : ~ 때문에 (원인, 이유) .... 객관적

(活의 体) + のに : ~인데 (역접) .... V의 終에 접속되는 경우도 있음

⇨ 好(す)きだから、会(あ)います。
(좋아하니까 만납니다.) -- 終
ここは 安全(あんぜん)なので 大丈夫(だいじょうぶ)です。
(여기는 안전하므로 괜찮습니다.) -- 体
まだ 5時(ごじ)なのに、もう 暗(くら)くなりました。
(아직 5시인데도 벌써 어두워졌어.) -- 体
いま ひまだのに、どうして 来(こ)ないのだろう。
(지금은 한가한데 왜 안 오지.) -- 終

❷ (活의 体) + の。 : ~냐? ~이니? (질문, 가벼운 단정)
+ のです : ~ 것입니다 (단정, 주장)
(活의 終) + からです : ~ 때문입니다 (원인·이유)
※ ~ のでです (×)

⇨ いま 帰(かえ)るの。(지금 돌아가니?)
何を するの。(뭐 하니?)　どうするのよ。(어떠니?)
いいと 思うの。(좋다고 생각하니?)
かれが 犯人(はんにん)なの。(그가 범인이야?)

去年(きょねん)までは ガソリンが とても 高(たか)かったのです。

(작년까지는 기름이 아주 비쌌습니다.)

雨が 降(ふ)るからです。

(비가 오기 때문입니다.)

いつも おせわに なっているからです。

(항상 신세를 지고 있기 때문입니다.)

❸ 邪魔(じゃま)に なる : 방해가 되다

⇨ 彼(かれ)の 頭(あたま)が 邪魔に なって 前(まえ)が よく 見(み)えない。

(그의 머리가 방해가 되어 앞이 잘 보이지 않는다.)

cf)「おじゃま(を) します」: (남의 집을) 방문하다, 찾아뵙다

⇨ おじゃま しても よろしいですか。

(찾아뵈어도 좋은지요?)

15課 雨が 降った ようです。

山田さん、今朝 起きて 見たら 雨が 降った ようです。
きのう 一日じゅう 雨が 降った そうです。
そして、かみなりも なった そうです。
いまも 雨が ふって いる らしいです。
道を 見ると、かさを 持って 行く 学生も 見える からです。

田中さん、いまから どこへ 行きますか。
しばらく 雨を さける ために、ブックストアへ 行きます。
ブックストアは どこに ありますか。
もとは、学生会館の 一階に あったんですが、となりに 移りました。
ああ、そうですか。
ブックカフェも あるし、すごく 便利に なりました。
なるほどね。

先生、だれか 来た ようです。
ノックする 音が しますね。
学科事務室の 助手(じょしゅ) らしいです。
さきほど、いくつか まかせた 仕事が あるからです。

先生、ご講義が 2時から 始まるのでは ないでしょうか。

うん、そうか。

いま 2時 10分 過ぎです。先生!

ああ、忘れていた。ごめんなさい。

何人かは、休講だろうと 思って、帰った かもしれませんが。

えっ!

田中さん、むし暑いので なにか 飲みたく ないですか。

わたし、コーラの ような ものが ほしいです。

コーラですか。

ジュースは いかがですか。からだに いいのに。

ジュースって なにが ありますか。

いろんな ジュースが ありますが、キーウィ ジュースは 美味しいです。

試して みます。

단어 해설

새로운 한자

- 雨(あめ) : 비
- 降(ふ)る : (V) 내리다
- 今朝(けさ) : 오늘 아침
- 起(お)きる : (V) 일어나다
- 見(み)る : (V) 보다
- 一日(いちにち)じゅう : 하루 종일
- 道(みち) : 길
- 持(も)つ : (V) 들다
- 見(み)える : (V) 보이다
- 学生会館(がくせい-かいかん) : 학생회관
- 一階(いっかい) : 1층
- 移(うつ)る : (V) 옮기다
- 便利(べんり)だ : (Av) 편리하다
- 来(く)る : (V) 오다
- 音(おと) : 소리
- 学科事務室(がっか-じむしつ) : 학과사무실
- 助手(じょしゅ) : 조수, 조교
- 仕事(しごと) : 일
- 講義(こうぎ) : 강의
- 始(はじ)まる : (V) 시작되다
- 2時10分(にじ-じっぷん) : 2시 10분
- 過(すぎ)る : (V) 지나다
- 忘(わすれ)る : (V) 잊다
- 何人(なんにん) : 몇 명

- 休講(きゅうこう) : 휴강
- 思(おも)う : (V) 생각하다
- 帰(かえ)る : (5단) 돌아가다, 돌아오다
- むし暑(あつ)い : 무덥다
- 飲(の)む : (V) 마시다
- 美味(おい)しい : 맛있다
- 試(ため)す : (V) 시험하다, 시도해 보다

중요한 단어

1. かみなり(雷) : 천둥, 벼락

   ⇨ きゅうに かみなりが ごろごろ 鳴(な)る。

   (갑자기 천둥이 우르릉거린다.)

2. しばらく : 잠깐, 오래간만

   ⇨ 雨(あめ)が しばらく やんだ。

   (비가 잠시 그쳤다.)

   これは しばらくですね。

   (참 오래간만입니다.)

3. さ(避)ける : (V) 피하다, 꺼리다.

   ⇨ 彼(かれ)は 会(あ)うのを さける。

   (그는 만나기를 꺼린다.)

4. ために : 위하여

   ⇨ 祖国(そこく)の ために 死(し)んだ。

   (조국을 위해 죽었다.)

5. ブックストア : 북 스토어 (= book store), 서점

⇨ 人気(にんき)ある オンライン ブックストア。

(인기 있는 온라인 북 스토어.)

6. もと(元) : 원래, 본디

⇨ もとは こちらに 寺(てら)が ありました。

(원래는 이쪽에 절이 있었습니다.)

7. 移(うつ)る : (V) 옮기다, 이동하다

⇨ 新(あたら)しい 会社(かいしゃ)へ 移りました。

(새로운 회사로 옮겼습니다.)

8. ブックカフェ : 북 카페 (= Book cafe)

⇨ 今年(ことし)の 春(はる) ブックカフェを オープンした。

(올 봄에 북 카페를 오픈했다.)

9. すごく(凄く) : 굉장히, 몹시, 되게

⇨ あの 映画(えいが) すごく 面白(おもしろ)かった。

(저 영화 되게 재미있었다.)

10. なるほど : 정말, 과연

⇨ なるほどね。見事(みごと)な 桜(さくら)ですね。

(정말이네요. 멋진 벚꽃인데요.)

11. ノックする : (V) 노크하다 (= knock)

⇨ だれか とんとんと ノックした。

(누군가 똑똑하고 노크했다.)

12. 助手(じょしゅ) : 조수, 조교

⇨ 新学期(しんがっき)に 助手を 雇(やと)いました。

(신학기에 조교를 두었습니다.)

13. さきほど(先程) : 아까, 조금 전

⇨ お客(きゃく)さんが さきほどから お待(ま)ちです。

(손님이 아까부터 기다리고 계십니다.)

14. まか(任)せる : (V) (일 등을 남에게) 맡기다, 일임하다

⇨ あの 男(おとこ)には この 仕事(しごと)は 任せられない。

(저 남자에게는 이 일을 맡길 수 없다.)

15. うん : (감동) 응 ('はい' 'ええ'보다 날림 말)

⇨ うん、そうだ。

(응, 그래.)

うん、あしたで いいよ。

(응, 내일 좋아.)

16. 過(す)ぎる : (V) 지나(가)다, (시간, 기한이) 지나다

⇨ 森(もり)を 過ぎて 川(かわ)を 過ぎた。

(숲을 지나 강을 지났다.)

17. ごめんなさい : 미안합니다

⇨ ほんとうに ごめんなさい。

(정말로 미안합니다.)

18. むし暑(あつ)い : 무덥다

⇨ むし暑い 真夏(まなつ)、高(たか)い 空(そら)。

(무더운 여름, 높은 하늘.)

19. いろんだ : (Av) 여러 가지다 (= いろいろだ)

⇨ いろんな 物(もの)を 買(か)って 帰(かえ)りました。
(여러 가지 물건을 사서 돌아왔습니다.)

20. キーウィ ジュース : 키위 주스 (= Kiwi-juice)

⇨ キーウィ ジュースを 飲(の)んで 気持(きもち) よかった。
(키위 주스를 마시고 기분이 좋았다.)

21. 試(ため)す : (V) 시험하다, 실지로 해보다

⇨ 能力(のうりょく)を 試して いる 中(ちゅう)です。
(능력을 시험 중에 있습니다.)

용법 해설

❶「ようだ」(助v)의 용법 -- <11과의 4번> 참조

N + の ようだ	→	~와 같다 (비유)
〃	→	~와 같다 (예시)
活의 体 + ようだ	→	~ㄹ 것 같다 (불확실 단정)

❷「らしい」의 2가지 용법

N, V・A의 終, Av의 어간 + らしい(助v) : ~인 듯하다, ~ㄹ 것 같다

N + らしい(접미) : ~답다

⇨ 外(そと)は 風(かぜ)が 強(つよ)く 吹(ふ)いている らしい。
(밖에는 바람이 세게 불고 있는 듯하다.) -- 助v
この レストランは おいしい らしいよ。
(이 레스토랑은 맛있을 것 같다.) -- 助v
この くにの 国民(こくみん)の 生活(せいかつ)は たいへん 自由(じゆう) らしいですね。
(이 나라의 국민 생활은 매우 자유스러운 것 같지요.) -- 助v
かれは 人間(にんげん) らしい 人間だ。(그는 인간답다.) -- 접미
学生は 学生 らしく 一生懸命(いっしょうけんめい) 勉強(べんきょう)し なければ なりません。
(학생은 학생답게 열심히 공부하지 않으면 안 됩니다.) -- 접미

❸ N, V・A의 終, Av의 어간 + かもしれない(ません)
: ~일지도 모른다(모릅니다)

⇨ 彼の 病気(びょうき)は ガンかもしれません。
(그의 병은 암일지도 모릅니다.)
台風(たいふう)が 来るかもしれません。
(태풍이 올지도 모릅니다.)
フランスの ワインは おいしいのが 多(おお)いから、この ワインも おいしいかもしれません。
(프랑스산 와인은 맛있는 것이 많기 때문에 이 와인도 맛있을지 모릅니다.)
飛行機(ひこうき)で 行くより 電車(でんしゃ)で 行く ほうが 安全(あんぜん)かもしれません。
(비행기로 가는 것보다 전철로 가는 편이 더 안전할지 모릅니다.)

❹ ~じゅう(中) : (접미) 온~, ~전체 (= All, Every)

⇨ 世界中 (せかいじゅう, 온 세계), 一日中 (いちにちじゅう, 하루 종일)
一年中 (いちねんじゅう, 일 년 내내), 家中 (いえじゅう, 집안전체)

❺ 音(おと)が する : 소리가 나다

⇨ 外(そと)で 変(へん)な 音が した。(바깥에서 이상한 소리가 났다.)
ピアノの 音が する。(피아노 소리가 나다.)

cf) においが する。(냄새가 나다.)
寒気(さむけ)が する。(한기가 들다.)

❻ ~のでは ないでしょうか : ~ 하는 것이 아닌지요? (공손 질문)

⇨ 健康(けんこう)の ため、たばこを やめた ほうが よろしい のでは ないでしょうか。
(건강을 위해 담배를 끊는 편이 좋지 않은지요?)

16課　チョコレートを もらいました。

きょうは、田中さんの 誕生日です。

キムさんは、田中さんに どんな 贈り物を あげる つもりですか。
ハンカチを 買って あげる つもりです。

田中さん、贈りものを もらいましたか。
はい、もらいました。
だれから もらいましたか。
キムさんに ハンカチを もらいました。
それから 鈴木さんから チョコレートも もらいました。

先生が わたしに 辞書を くださいました。
何の 辞書ですか。
韓日辞典を くださいました。
韓国の 新聞を 読むには きっと 必要な 辞典でしょう。
それは、よかったです。
田中さんは 先生に 辞典を いただいて よろこんで いました。

山田さんは 田中さんに 何を あげますか。

考え中です。実用的な 贈り物が いいですね。

はい、そうです。

彼の ために、なにが いいか 決めて お知らせします。

来週 5月 15日は 先生の 日です。

先生の 日に なにを さしあげますか。

そうですね。なにが いいかしら …。

ぼうしは、どうですか。

スポーツ用の ぼうしですか。

いいですね。先生は、運動が 大好きですから、ぴったりですね。

それじゃ、それに 決定しました。

先生は 学生たちに ぼうしを 買って もらいました。

단어 해설

새로운 한자

- 誕生日(たんじょうび) : 생일
- 贈(おく)り物(もの) : 선물
- 買(か)う : 사다
- 辞書(じしょ) : 사전
- 何(なん)の ～ : 무슨 ～
- 韓日辞典(かんにち-じてん) : 한일사전
- 新聞(しんぶん) : 신문
- 読(よ)む : (V) 읽다
- 必要(ひつよう)だ : (Av) 필요하다
- 考(かんが)え中(ちゅう) : 생각 중
- 実用的(じつようてき)だ : (Av) 실용적이다
- 彼(かれ) : 그, 그이
- 決(き)める : 정하다
- お知(し)らせする : (V) 알려드리다 (겸양표현)
- 来週(らいしゅう) : 다음 주
- 5月(ごがつ) : 5월
- 15日(じゅうごにち) : 15일
- 先生(せんせい)の日(ひ) : 스승의 날
- スポーツ用(よう) : 스포츠용
- 運動(うんどう) : 운동
- 大好(だいす)きだ : 매우 좋아하다
- 決定(けってい)する : 결정하다

중요한 단어

1. チョコレート : 초콜릿 (= chocolate)
   ⇨ チョコレート 色(いろ)の ズボンを 着(き)ている。
   (초콜릿색의 바지를 입고 있다.)

2. 誕生日(たんじょうび) : 생일 ['生日(じょうび)'라는 말은 없음]
   ⇨ あなたの 誕生日は いつですか。
   (당신 생일은 언제입니까?)

3. どんな : 어떠한, 어떤
   ⇨ 百万長者(ひゃくまん-ちょうじゃ)に なったら どんなだろう。
   (백만장자가 된다면 기분이 어떨까.)

4. 贈(おく)り物(もの) : 선물
   ⇨ 贈り物は 次(つぎ)の ようです。
   (선물은 다음과 같습니다.)

5. ～つもりだ : ～할 셈이다, ～할 예정이다
   ⇨ 近(ちか)い うちに おうかがいする つもりです。
   (근간에 찾아뵐 예정입니다.)

6. ハンカチ : 손수건 (= hand chief)
   ⇨ ハンカチで 涙(なみだ)を ぬぐっている。
   (손수건으로 눈물을 닦고 있다.)

7. 辞書(じしょ) : 사전
   ⇨ 辞書を 引(ひ)きながら ほんやくする。
   (사전을 찾으면서 번역하다.)

8. 何(なん)の～ ：무슨 ～

⇨ 何の ご用(よう)ですか。

(무슨 일이십니까?)

9. きっと ：꼭, 반드시

⇨ 彼(かれ)は きっと 立(た)ち直(なお)ります。

(그는 반드시 회복합니다.)

10. 必要(ひつよう)だ ：(Av) 필요하다

⇨ 何(なに)より 必要な ことは お金(かね)です。

(무엇보다 필요한 것은 돈입니다.)

11. 喜(よろこ)ぶ ：(V) 기쁘다, 기꺼이 ～하다

⇨ 人(ひと)の 注意(ちゅうい)を 喜んで 聞(き)ます。

(남이 해주는 주의의 말을 기꺼이 듣습니다.)

12. ～中(ちゅう) ：(접미) ～중, ～동안, ～내내

⇨ この 工事(こうじ)は 今年中(ことしちゅう)には できあがらない みたいだ。

(이 공사는 올해 안에는 끝나지 않을 것 같다.)

13. 実用的(じつようてき)だ ：(Av) 실용적이다

⇨ 実用的な 贈(おく)り物(もの)を した ほうが いい。

(실용적인 선물을 하는 편이 좋다.)

14. 決(き)める ：(V) 정하다, 결정하다

⇨ 心(こころ)を 決めて 場所(ばしょ)を 予約(よやく)しましょう。

(마음을 정해서 장소를 예약해요.)

15. お知(し)らせします : 알려드리겠습니다 (겸양표현)

⇨ 改(あらた)めて お知らせします。

(다음 기회에 다시 알려드리겠습니다.)

16. ~かしら : (助) ~일까

⇨ あれで いいかしら。

(저래도 되는 것일까.)

17. 大好き(だいすき)だ : (Av) 매우 좋아하다

⇨ 君(きみ)の 大好きな ものは なにか。

(네가 가장 좋아하는 것은 무엇인가?)

18. ぴったり : 꼭, 딱, 착

⇨ 予想(よそう)が ぴったり(と) 的中(てきちゅう)した。

(예상이 딱 들어맞았다.)

용법 해설

❶ 授受V (A:화자, B:상대) : <별지-6> 참조

	[A=B] 대등관계(동급)		[A(손아래) < B(손위)]
[A→B]	やる (주다, 보통어)	→	(さし)あげる (드리다, 겸양어)
[B→A]	くれる (주다, 보통어)	→	くださる (주시다, 존경어)
[A←B]	もらう (받다, 보통어)	→	いただく (받다, 겸양어)

⇨ ① Aが Bに お金を やる。

② Aが Bに お金を (さし)あげる。(겸양)

③ Bが Aに 人形を くれる。

④ Bが Aに 人形を くださる。(존경)

⑤ (= ③) Aが Bに 人形を もらう。(に＝から)

⑥ (= ④) Aが Bに 人形を いただく。(に＝から) (겸양)

--- 동작의 주체는 'に'앞의 B임

❷ 보조동사의 경우에도 동일함. (～てやる, ～てくださる 등)

⇨ Aが Bに 日本語を 教えて やる。

Aが Bに 日本語を 教えて いただく。

(に = から, 겸양, 'おしえる'의 주체는 'に'앞의 B)

❸ Ⓝのために : N을(를) 위하여

⇨ あなたの ために 送別会(そうべつかい)が 開(ひら)かれた。

(당신을 위하여 송별회가 열렸다.)

⇨ 老後(ろうご)の ために 貯金(ちょきん)する。

(노후를 위하여 저금한다.)

❹ お + V의 用 + する : ~하다 (겸양표현)

⇨ 私が お読(よ)みします。(제가 읽겠습니다.)

これで よろしかったら お貸(か)しします。

(이것이 괜찮으시다면 빌려드리겠습니다.)

17課　人に 練習を させます。

ここは フィットネス センターです。
みんな 一生懸命 運動を しています。
わかい 学生から 年を 取った 人まで おおぜい います。

わたしは、たいへん 太って います。
体重は 75キロ、背は 167センチです。
そのため、ダイエットしなければ いけません。
最終目標は、60キロまで 減らす ことです。

まずは、毎日 トレーナーが、基本的な 体操を させます。
それから ストレッチを 教えて くださいます。
それから ランニングの 走り方も 教えて くださいます。

わかりにくい ことが ありましたら、
なんでも 教えて いただけます。
トレーナーは、親切に 説明して くださいます。

たまに、雨の 日は、サッカー 選手たちが ここで 体力トレーニングを して います。

選手の 監督が ちょくせつ 指導して やります。

ときどき「かんばれ！」とか「もういちど しろ！」と いう 大きい声が聞こえます。

先生、すみませんが、十分間 休ませて いただけませんか。

はい、わかりました。

きょうは 初日ですから、ちょっと つらいでしょう。

はい、たいへん つらいです。

十分 休んでから、いろいろな 運動器具の 動かし方を 教えてあげます。

じゃ、そろそろ 始めましょうか。

はい、よろしく お願いいたします。こちらも がんばります。

단어 해설

새로운 한자

- 人(ひと) : 사람, 타인
- 練習(れんしゅう) : 연습
- 一生懸命(いっしょうけんめい) : 매우 열심히 함
- 運動(うんどう) : 운동
- 年(とし)を 取(と)る : 나이를 먹다
- 太(ふと)る : (V) 살찌다
- 体重(たいじゅう) : 체중
- 背(せ) : 키
- 167(ひゃく-ろくじゅう-なな)センチ : 167센티
- 最終目標(さいしゅう-もくひょう) : 최종 목표
- 60(ろくじゅう)キロ : 60키로
- 減(へら)す : (V) 줄이다.
- 毎日(まいにち) : 매일
- 基本的(きほんてき)だ : (Av) 기본적이다
- 体操(たいそう) : 체조
- 教(おし)える : (V) 가르치다
- 走(はし)り方(かた) : 달리다
- 親切(しんせつ)だ : (V) 친절하다
- 説明(せつめい)する : (V) 설명하다
- 雨(あめ)の日(ひ) : 비 오는 날
- 選手(せんしゅ)たち : 선수들
- 体力(たいりょく) : 체력
- 監督(かんとく) : 감독
- 指導(しどう) : 지도

・ 大(おお)きい声(こえ) : 큰 목소리
・ 聞(き)こえる : (V) 들리다
・ 十分間(じゅっぷんかん) : 10분간
・ 休(やす)む : (V) 쉬다
・ 初日(しょにち) : 첫날
・ 十分(じゅうぶん) : 충분
・ 運動器具(うんどう-きぐ) : 운동도구
・ 動(うご)かす : (V) 움직이게 하다
・ 始(はじ)める : (V) 시작하다
・ お願(ねが)いします : 부탁합니다 (겸양표현)

중요한 단어

1. フィットネス センター : 피트니스 센터 (= Fitness center)
   ⇨ フィットネス センターに 行(い)って 2時間(にじかん) 運動(うんどう)します。
   (피트니스센터에 가서 2시간 운동합니다.)

2. 一生懸命(いっしょうけんめい) : 매우 열심히 함
   ⇨ これから 一生懸命 がんばります。
   (지금부터 열심히 분발하겠습니다.)

3. 若(わか)い : 젊다, 어리다
   ⇨ わかい 人(ひと)が ほとんどです。
   (젊은 사람이 거의 다입니다.)

4. 年(とし)を 取(と)る : 나이를 먹다.
   ⇨ 年を 取ると 記憶(きおく)が 鈍(にぶ)る。
   (나이가 들면 기억이 흐려진다.)

5. 太(ふと)る : (V) 살찌다

⇨ ぶたの ように まるまると 太る。

(돼지처럼 통통하게 살이 찐다.)

6. ダイエット(を)する : (V) 다이어트하다 (= diet)

⇨ 70キロだから ダイエットを している。

(70킬로이기 때문에 다이어트를 하고 있다.)

7. 減(へら)す : (V) 줄이다

⇨ 酒量(しゅりょう)を 減らして もっと 体(からだ)が かるいです。

(주량을 줄여서 더욱 몸이 가볍습니다.)

8. ストレッチ : 스트레치 (= stretch)

⇨ ストレッチ 体操(たいそう)から 始(はじ)まります。

(스트레치 체조부터 시작됩니다.)

9. ランニング : 런닝 (= running)

⇨ ランニングで 体(からだ)を きたえている。

(런닝으로 몸을 단련하고 있다.)

10. 走(はし)る : (5단) 달리다

⇨ 海岸線(かいがんせん)に 沿(そ)って 走る。

(해안선을 따라 달린다.)

11. ~にくい : (접미) ~하기 어렵다 (↔ ~やすい)

⇨ 漢字(かんじ)は 読(よ)みにくい。

(한자는 읽기 어렵다.)

12. 親切(しんせつ)だ : (Av) 친절하다

⇨ 老人(ろうじん)には 親切に しなさい。

(노인들에게 친절히 하시오.)

13. たまに : 가끔

⇨ たまには うまく いかない ことも ある。

(가끔은 잘 되지 않는 일도 있다.)

14. トレーニング : 트레이닝 (= training)

⇨ あなたは よく トレーニング しますか?

(당신은 자주 운동을 합니까?)

今後(こんご)も トレーニングを 続(つづ)け、指摘(してき)されて きた 弱点(じゃんてん)を 克服(こくふく)したい。

(이후에도 트레이닝을 계속해서, 지적받은 약점을 극복하고 싶다.)

15. ちょくせつ(直接) : 직접

⇨ 外国人(がいこくじん)と ちょくせつ 会話(かいわ)しながら 習(なら)って います。

(외국인과 직접 회화하면서 배우고 있습니다.)

16. 指導(しどう)する : (V) 지도하다

⇨ 公開(こうかい)レッスンでは、一流(いちりゅう) の演奏家(えんそうか)が 直々(じきじき)に 指導してくれる そうです。

(공개 레슨에서는 일류 연주자가 직접 지도해 준다고 합니다.)

17. ときどき(時々) : 가끔, 때때로

⇨ ときどき カフェに よって コーヒーを 飲(の)みます。

(카페에 가끔 들러 커피를 마십니다.)

18. がんばる(頑張る) : (V) 힘내다, 노력하다

⇨ 白(しろ)、がんばれ！

(백팀, 힘내라!)

19. 聞(きこ)える : (V) 들리다

⇨ ときどき 笑(わら)い 声(ごえ)が 聞こえる。

(가끔 웃음소리가 들린다.)

20. 初日(しょにち) : 첫날

⇨ オープンの 初日、店(みせ)は まんいんだった。

(오픈 첫날, 가게는 만원이었다.)

21. つらい(辛い) : 괴롭다, 고되다

⇨ つらい 仕事(しごと)が 連続(れんぞく)でした。

(고된 일이 계속되었습니다.)

22. 動(うご)かす : (V) 움직이게 하다

⇨ みんなの 心(こころ)を 動かした。

(많은 사람의 마음을 감동시켰다.)

23. お願(ねが)いします : 부탁합니다 (겸양표현)

⇨ 今後(こんご)とも よろしく お願いします。

(앞으로도 아무쪼록 잘 부탁드리겠습니다.)

용법 해설

❶「せる」「させる」 표현

(V의 未) + せる / させる + 5단, サ변 / 1단, カ변 : ~하게 하다 (使役표현)

V의 未	+ せる +	5단, サ변	: ~하게 하다 (使役표현)
	させる	1단, カ변	

(* サ변의 未 → される, させる, しない, せぬ)

⇨ 若(わか)い ママは 子供(こども)を 一日中(いちにちじゅう) 公園で 遊ばせている。
(젊은 엄마는 아이를 하루 종일 공원에서 놀게 하고 있다.)
母は 私に 昔(むかし)の 写真(しゃしん)を 見させました。
(엄마는 나에게 옛날 사진을 보게 했습니다.)
社長(しゃちょう)は 社員(しゃいん)に 仕事(しごと)を させる。
(사장님이 사원에게 일을 시킨다.)
教授(きょうじゅ)が その学生を 研究室(けんきゅうしつ)へ 来(こ)させる。
(교수님이 그 학생을 연구실로 오게 한다.)

❷ V의 未 + (さ)せて いただく : ~하게 해주시다 (겸양)

* 상대방으로부터 허락을 받아서 행동함. (「~させてもらう」보다 더 겸양표현임)

⇨ では、みなさま、これから 会議(かいぎ)を 始(はじ)め させて いただきます。
(그럼, 여러분 지금부터 회의를 시작하겠습니다.)

cf) **행위 주체자(주어)와 V**

⇨ 〔私たち(A)は 先生(B)から(= に)〕 いろいろ お話を 聞(き)かせて いただく。

私たち의 V = 聞く = ⑥ -- <16과 참조>

= (先生が 私たちに) いろいろ お話を 聞かせて くださる

⇨ うかがわせて いただきます。(묻겠습니다.)

休(やす)ませて いただきます。(쉬겠습니다.)

失礼(しつれい)させて いただきます。(실례하겠습니다.)

終(おわ)らせて いただきます。(끝내겠습니다.)

V + (さ)せて いただけませんか : ~하면 안 되겠습니까?

~ㄹ 수 있겠습니까? (최상겸양, 의향)

⇨ もう一曲(いっきょく) 歌(うた)わせて いただけませんか。

(한 곡 더 부르면 안 되겠습니까?)

すみませんが、ここで ちょっと 休(やす)ませて いただけませんか。

(미안하지만, 여기서 잠시 쉬면 안 되겠습니까?)

❸ 동사(V)의 命令形

(V의 命) : 5단 → 어미 ウ단을 エ단으로 ⇨ かく → かけ

1단 → る를 ろ、よ로 ⇨ おきる → おきろ、おきよ

たべる → たべろ、たべよ

くる → こい

する → しろ、せよ

❹ V의 用 + 方(かた) : (N) ~하는 법
(無탁음)

⇨ 読み方 (읽는 방법), 話し方 (이야기 방법), 使い方 (사용 방법), やり方 (실행 방법), 足の動(うご)かし方 (다리 움직이는 방법, 다리 사용 방법), タイミングの取り方 (타이밍 포착 방법), 行き方 (걷는 방법), 作り方 (만드는 방법)

18課　母に しかられました。

田中さん、どうか したんですか。

かなしそうな 顔を して いますね。

ええ、きょう 母から 叱られました。

どうして ですか。

今朝 起きるのが 遅かったからです。

山田さんは、気分が よさそうな 顔を して いますね。

山田さんは、きょう いい ことを して 先生から ほめられました。

どうして ですか。

レポートを 上手に 書いて ほめられました。

田中さん、きょう 元気 なさそうに 見えますよ。

なにか あったんですか。

きのう 地下鉄の 中で 財布を 盗まれました。

おかねは あまり 多く なかったんですが、パスポートを なくして。

それは、さいなんでしたね。

あす 大使館へ できるだけ 早く 申告しようと 思います。

それが いいですね。

夕がた うちへ 帰る 途中、きゅうに 雨に 降られて しまいました。
それに 雷も なりました。
たいへん こわかったです。
このごろは、天気が 変わりやすいですよね。

おひるに、そば屋さんに 行きました。
一時間 ぐらい 待た<u>せられ</u>ました。
新しい そば屋さんに お客さんが 多く 集まって いたからです。
けっこう おいしかったですよ。

今晩、わたしは、きゅうに 約束が できて お酒を 飲ま<u>される</u> ことに なりました。
そうですか。どんな 約束ですか。
軍隊に 行って いる 友だちが きゅうかを もらって 来ました。
楽しみですね。
久しぶりに お酒を 飲まされした。仕方が なかったですね。

단어 해설

새로운 한자

- 顔(かお) : 얼굴
- 母(はは) : 어머니
- 叱(しか)る : (V) 꾸짖다
- 今朝(けさ) : 오늘 아침
- 起(おき)る : (V) 일어나다
- 遅(おそ)い : 늦다
- 気分(きぶん) : 기분
- 上手(じょうず)だ : (Av) 능숙하다, 솜씨가 좋다
- 書(か)く : (V) 쓰다
- 元気(げんき) : 힘, 건강
- 地下鉄(ちかてつ) : 지하철
- 見(み)える : (V) 보이다
- 中(なか) : 속, 가운데
- 財布(さいふ) : 지갑
- 盗(ぬす)む : (V) 훔치다
- 多(おお)い : 많다
- 大使館(たいしかん) : 대사관
- 早(はや)く : 빨리
- 申告(しんこく)する : (V) 신고하다
- 思(おも)う : (V) 생각하다
- 夕方(ゆうがた) : 저녁 무렵
- 帰(かえ)る : (5단) 돌아오다
- 途中(とちゅう) : 도중
- 雨(あめ) : 비
- 降(ふ)る : (V) (비가) 내리다

・ 雷(かみなり) : 천둥
・ 天気(てんき) : 날씨
・ 変(か)わりやすい : 변하기 쉽다
・ そば屋(や)さん : 메밀국수 가게
・ 行(い)く : (V) 가다.
・ 一時間(いちじかん) : 한 시간
・ 待(ま)つ : (V) 기다리다
・ 新(あたら)しい : 새로운
・ お客(きゃく)さん : 손님
・ 集(あつ)まる : (V) 모이다
・ 今晩(こんばん) : 오늘 밤
・ 約束(やくそく) : 약속
・ お酒(さけ) : 술
・ 飲(の)む : (V) 마시다
・ 軍隊(ぐんたい) : 군대
・ 友(とも)だち : 친구들
・ 来(く)る : (V) 오다
・ 楽(たの)しみ : 재미, 즐거움
・ 仕方(しかた) : 방법

중요한 단어

1. 叱(しか)る : (V) 야단치다, 꾸짖다

⇨ いたずらを して 先生に 叱られた。

(장난을 쳐서 선생님에게 꾸중 들었다.)

2. どうか : (보통 상태와 다름) 어떻게, 무언가

⇨ どうかしたの? 元気(げんき)ない みたいだけど。

(무슨 일 있어? 힘이 없어 보이는데.)

3. かなしそうだ : 슬픈 듯하다, 슬퍼 보이다 (8과 참조)

⇨ かなしそうに 泣(な)いている。

(슬픈 듯 울고 있다.)

4. どうして : 어째서, 왜

⇨ どうして いかないの。

(왜 가지 않아?)

5. よさそうだ : 좋은 듯하다 (8과 참조)

⇨ これで よさそうですね。

(이것으로 좋을 것 같군요.)

6. ほめる(褒める) : (V) 칭찬하다

⇨ 誰(だれ)も ほめる 人が ない。

(아무도 칭찬하는 사람이 없다.)

7. 上手(じょうず)だ : (Av) 능숙하다, 잘하다

⇨ 運転(うんてん)は かなり 上手です。

(운전은 제법 잘 합니다.)

8. 元気(げんき) : 건강, 힘

⇨ お元気ですか。

(건강하세요?, 잘 지내세요?)

元気が 出(で)ないと できませんね。

(힘이 나지 않으면 불가능하지요.)

9. なさそうだ : 없는 것 같다

⇨ USBは この 店(みせ)には なさそうだ。

(USB는 이 가게에는 없는 것 같다.)

10. 盗(ぬす)む : (V) 훔치다

⇨ きのう 彼女(かのじょ)は ルイヴィトンの かばんを 盗まれた。

(어제 그녀는 루이비통 가방을 도둑맞았다.)

11. パスポート : 여권 (= passport)

⇨ パスポートを なくして たいへん 困(こま)って います。

(여권을 분실하여 대단히 곤란해 하고 있습니다.)

12. 災難(さいなん)でしたね : 최악이었네요 (위로하는 말)

⇨ A : きのう 結婚記念(けっこんきねん)の 指輪(ゆびわ)を なくしました。

(어제 결혼기념 반지를 잃어버렸습니다.)

B : それは さいなんでしたね。

(정말 최악이었네요.)

13. できるだけ : 가능한 한, 되도록

⇨ できるだけ 努力(どりょく)して 完成(かんせい) いたします。

(될 수 있는 한 노력해서 완성하겠습니다.)

できるだけ 早(はや)く 家(いえ)に 帰(かえ)って きなさい。

(되도록 빨리 집에 돌아 오거라.)

14. 申告(しんこく)する : (V) 신고하다

⇨ これは 税関(ぜいかん)に 申告しなくて ならない。

(이것은 세관에 신고해야 한다.)

15. 夕方(ゆうがた) : 저녁 무렵, 해질 녘

⇨ 夕方に なると 空は きれいに なります。

(저녁 때가 되면 하늘은 아름다워집니다.)

16. なる(鳴る) : (V) 울리다, 울다

⇨ 学校の 鐘(かね)が なって みんな 運動場(うんどうじょう)に 集(あつ)まった。

(학교 종이 울려 모두 운동장에 모였다.)

17. 恐(こわ)い : 무섭다, 두렵다

⇨ ひとりで 住(す)むのは ちょっと こわいかも しれない。

(혼자 산다는 것은 좀 무서울지도 몰라.)

18. 変(か)わりやすい : 변하기 쉽다, 변덕스럽다

⇨ 最近(さいきん)、天候(てんこう)が とても 変わりやすい。

(최근 날씨가 매우 변덕스럽다.)

19. おひる(お昼) : 낮, 점심

⇨ きょうの おひるは スパゲティに しようか。

(오늘 점심은 스파게티로 할까?)

20. そば屋(や)さん : 메밀국수 가게

⇨ 20年前(にじゅうねんまえ)の そば屋さん、まだ オープンして いるよ。

(20년 전의 메밀국수 가게, 아직 하고 있어.)

21. 集(あつ)まる : (V) 모이다

⇨ 人(ひと)の 集まる ところは いつも 音楽(おんがく)が ある。

(사람이 모이는 곳은 늘 음악이 있다.)

22. けっこう(結構) : 그런대로, 제법

⇨ 正門前(せいもんまえ)の ピザーやさんは けっこう おいしいですよ。

(정문 앞 피자가게는 상당히 맛있어요.)

23. きゅうか(休暇) : 휴가

⇨ きゅうかを 取(と)って ゼズドへ 行って きた。

(휴가를 얻어 제주도에 다녀왔다.)

24. ひさしぶりに(久しぶりに) : 오랜만에

⇨ ひしぶりに 会(あ)って おもしろい お話(はなし)を した。

(오랜만에 만나 재미있는 이야기를 했다.)

25. 仕方(しかた)がない : 소용없다, 방법이 없다, 어쩔 수 없다

⇨ 今更(いまさら) 後悔(こうかい)したって 仕方がない。

(이제 와서 후회해 봤자 소용없다.)

용법 해설

❶ 助V (ら)れる(受身) : <10과의 1번> 참조

-- 猫와 鼠의 관계!

くわれる (잡아먹히다)

⇨ しかる → しから<u>れる</u> (꾸중듣다)　　　　ほめる → ほめ<u>られる</u> (칭찬받다)
しょうたいする → しょうたいさ<u>れる</u> (초대되다) ふむ → ふま<u>れる</u> (밟히다)
父が しぬ → 父に しな<u>れる</u> (아버지가 죽다) 雨が ふる → 雨に ふら<u>れる</u> (비맞다)
すりが する → すりに すら<u>れる</u> (소매치기 당하다)

❷ (V의 未) + う : 5단 / + よう : 이외V { ① 의지 (~려고 하다, ~겠다) ② 권유 (~하자, ~ㄹ까?) ③ 추측 (~것이다) * <6과 참조>

* 未然形에는「ない형(부정형)」「う형(의지형)」두 가지 형이 있다. 여기서는「う형」을 말함. **(즉, 5단 : ウ段→オ段, 1단 :「る」탈락, くる : こ, する : し로 바꾸면 됨.)**

⇨ 書こ<u>う</u>, 起き<u>よう</u>, 食べ<u>よう</u>, 来(こ)<u>よう</u>, し<u>よう</u>

* <助v의 未> -- ます → ましょう,　です → でしょう,　だ → だろう,　た → たろう

❸ (V의 未) + (さ)せる(使役) + られる(受身) → (さ)せられる

(V의 未) + す(使役, 文語助V) + れる → される

: 본의 아니게 (마지못해)~하게 되다

⇨ ┌ 飲(の)む + せる + られる → 飲ま せ られる (마지못해 마시다) ···· (a)
　└ 飲む + す + れる → 飲ま さ れる (〃) ···· (b)
　┌ 待(ま)つ + せる + られる → 待た せ られる (본의 아니게 기다리다) ·· (a)
　└ 待つ +す + れる → 待た さ れる (〃) ···· (b)

* 구어체의 경우에, (b)와 같이 「される」로 사용되는 일이 많다.

⇨ 私は 母(はは)に テレビを 消(け)させられた。
(나는 어머니가 TV를 끄라고 해서 할 수 없이 껐다.)
子供が 母に きらいな ものを 食べさせられて 泣(な)いている。
(아이가 엄마 때문에 싫어하는 것을 먹고 울고 있다.)
無理(むり)に お酒(さけ)を 飲(の)まされた。
(무리하게 술을 마시게 되었다.)
あの人に 1時間(いちじかん)も 待(ま)たされた。
(그 사람을 한 시간이나 기다리게 되었다.)
彼には いつも 笑(わら)わされて ばかり いるんです。
(그이만 보면 늘 웃을 수밖에 없습니다.)

19課　ロトに 当たったら、なにが ほしいですか。

鈴木さん、日本にも ロトくじが ありますか。

はい、もちろん あります。

韓国と 同じです。

ロトくじを 買いますか。

たまに 楽しみで 買います。

ロトくじに 当たったら、なにが ほしいですか。

ええ、当たったら、立派な タブレット PCが ほしいです。

キムさん、いよいよ 紅葉の 季節に なりましたね。

晩秋に なると、紅葉は ほんとうに きれいです。

韓国の 紅葉は きれいでしょう。

日本の 紅葉も とても 美しいです。

わたしは、最近 箱根の ほうに もみじ狩りに 行って 来ました。

ほんとうですか。うん、うらやましいです。

近所の 幼稚園の 教室です。

みなさん、一から 十まで 数えましょう。

いち、に、さん、 し、ご、ろく、しち、はち、きゅう、じゅう

全部 数えました。

みなさん、一に 三を たせば いくつですか。

四です。

十二を 六で われば いくつですか。

二です。

みなさん、よく できました。

キムさんは、金持ちに なったら、何が したいですか。

まずは ですね、国内の 見どころに 行きたいです。

それから、世界 いっしゅうが したいです。

たとえば、日本を 始め アジア、アメリカ などに 行きたいです。

ああ、忘れて いた。スイスは、ぜひ 行きたいですよ。

アルプスに のぼったり 赤電車に 乗ったり したいですね。

あとは ですね、田舎に もどって 農村の 生活が したいです。

田や 畑を たがやして 幸せに くらしたいです。

体が 大丈夫なら なんでも できるでしょうね。

キムさんは、ロマンチックな 人ですよね。

단어 해설

새로운 한자

- 当(あた)る : (V) 맞다, (추첨에) 걸리다
- 日本(にほん) : 일본
- 韓国(かんこく) : 한국
- 同(おな)じだ : (Av) 같다
- 買(か)う : (V) 사다.
- 楽(たの)しみ : 재미, 즐거움
- 立派(りっぱ)だ : (Av) 훌륭하다
- 紅葉(もみじ) : 단풍
- 季節(きせつ) : 계절
- 晩秋(ばんしゅう) : 늦가을
- 美(うつく)しい : 아름답다.
- 最近(さいきん) : 최근
- 箱根(はこね) : 하코네(관광지)
- もみじ狩(が)り : 단풍놀이
- 行(い)く : (V) 가다
- 来(く)る : (V) 오다
- 近所(きんじょ) : 근처
- 幼稚園(ゆうちえん) : 유치원
- 教室(きょうしつ) : 교실
- 一(いち) : 일
- 十(じゅう) : 십
- 数(かぞ)える : (V) (숫자 등을) 세다
- 全部(ぜんぶ) : 전부
- 三(さん) : 삼

・ 四(よん) : 사
・ 十二(じょうに) : 십이
・ 六(ろく) : 육
・ 二(に) : 이
・ お金持(かねも)ち : 부자
・ 何(なに) : 무엇
・ 国内(こくない) : 국내
・ 見(み)どころ : 볼 만한 곳
・ 世界(せかい) : 세계
・ ~を始(はじ)め : ~을 비롯해
・ 忘(わす)れる : (V) 잊어버리다.
・ 赤電車(あかでんしゃ) : 빨간 열차
・ 乗(の)る : (V) 타다
・ 田舎(いなか) : 시골
・ 農村(のうそん) : 농촌
・ 生活(せいかつ) : 생활
・ 田(た) : 논
・ 畑(はたけ) : 밭
・ 幸(しあわ)せ : 행복
・ 体(からだ) : 몸, 신체
・ 大丈夫(だいじょうぶ)だ : (Av) 괜찮다

중요한 단어

1. ロト : 로또 복권 〔= ロトくじ, 宝(たから)くじ, Lotto〕
   ⇨ 土曜日の ロトに 当(あた)った。
   (토요일 복권에 당첨되었다.)

2. 当(あた)る : (V) 맞다, 명중하다, (복권에) 당첨되다

⇨ 今日(きょう)の 天気予報(てんきよほう)は 当った。

(오늘의 일기예보는 맞았다.)

抽選(ちゅうせん)に 当って ノートブックを もらった。

(추첨에 당첨되어 노트북을 받았다.)

3. もちろん(勿論) : 물론

⇨ もちろん エルサルバドルが アメリカ領(りょう) という ことは 知(し)っている。

(물론 엘살바도르가 미국령이라는 사실은 알고 있다.)

4. 立派(りっぱ)だ : (Av) 훌륭하다

⇨ もう 立派な 大人(おとな)だ。

(이제 어엿한 어른이다.)

5. タブレットPC : 태블릿 (= Tablet PC)

⇨ タブレットPCの ような モバイル製品(せいひん)が 盛(さか)んです。。

(태블릿 PC와 같은 모바일 제품이 성행합니다.)

6. いよいよ : 드디어

⇨ いよいよ ぼくの 番(ばん)だ。

(드디어 내 차례다.)

7. 紅葉(もみじ) : 단풍 〔紅葉(もみじ)する : 단풍이 들다〕

⇨ 秋(あき)の 山(やま)は 紅葉して 燃(もえ)る ようである。

(가을 산은 단풍이 들어 타는 듯이 붉다.)

8. ～に なる : ～가 되다

⇨ 秋(あき)に なると 秘苑(ビウォン)は とても きれいです。

(가을이 되면 비원은 매우 아름답습니다.)

9. 晩秋(ばんしゅう) : 늦가을, 만추

⇨ <u>晩秋</u>の 風景(ふうけい)は さびしい 感じが します。

(늦가을의 풍경은 쓸쓸한 느낌이 듭니다.)

10. 箱根(はこね) : 하코네 (도쿄 근교의 명승지)

⇨ <u>箱根</u>に 行(い)って みて 下(くだ)さいね。絶景(ぜっけい)ですよ。

(하코네에 가 보세요. 절경이에요.)

11. もみじ狩(が)り : 단풍놀이

⇨ 朝早(あさはや)く <u>もみじ狩り</u>に 出(で)かけました。

(아침 일찍 단풍놀이 나갔습니다.)

12. 近所(きんじょ) : 근처, 부근

⇨ <u>近所</u>の カフェで 待(ま)ち合(あ)わせた。

(근처의 카페에서 만나기로 했다.)

13. た(足)す : 더하다, 보태다

⇨ もう 少(すこ)し 砂糖(さとう)を <u>足し</u>て ください。

(조금 더 설탕을 넣어 주세요.)

14. わ(割)る : (V) 나누다, 쪼개다

⇨ 二十(にじゅう)を 五(ご)で <u>割る</u>と 四です。

(20을 5로 나누면 4입니다.)

15. よく できました : 잘 했습니다, 잘 되었습니다

⇨ 風景画(ふうけいが)が <u>よく できました</u>。

(풍경화가 잘 되었습니다.)

16. 金持(かねも)ち : 부자, 재산가

⇨ ある日(ひ) きゅうに 彼(かれ)は 金持ちに なったね。

(어느 날 갑자기 그는 부자가 되었어.)

17. まず(先ず) : 먼저, 우선

⇨ まず 第一(だいいち)に ほしいのは、別荘(べっそう)だよ。

(제일 먼저 갖고 싶은 것은 별장이야.)

18. 見(み)どころ : 볼만한 곳, 볼거리

⇨ ここには 城(しろ)、博物館(はくぶつかん) など 見どころは 多(おお)い。

(여기에는 성, 박물관 등 볼만한 곳이 많다.)

19. 一周(いっしゅう) : 일주

⇨ 世界(せかい) 一周は しょうらい 私の 夢(ゆめ)です。

(세계 일주는 장래 나의 꿈입니다.)

20. ~を 始(はじ)め : ~를 비롯해

⇨ この公園(こうえん)は、美術館(びじゅつかん)を 始め、各種(かくしゅ)の 文化施設(ぶんかしせつ)が ある。

(이 공원은 미술관을 비롯한 각종 문화시설이 있다.)

21. アルプス : 알프스 (= Alps)

⇨ アルプスの 多(おお)くの 山(やま)は 感動的(かんどうてき)です。

(알프스의 많은 산은 감동적입니다.)

22. のぼ(登)る : (V) 오르다

⇨ エベレストに のぼる 登山家(とざんか)の 人生(じんせい)。

(에베레스트에 오르는 등산가의 인생.)

23. 赤電車(あかでんしゃ) : 빨간 열차 (알프스의 관광열차)

⇨ 赤電車を 乗(の)って きれいな アルプスを 見(み)た。

(빨간 열차를 타고 아름다운 알프스를 봤다.)

24. 田舎(いなか) : 시골, 고향

⇨ 田舎には まだ しんせきが 住んで おります。

(시골에는 아직 친척이 살고 있습니다.)

田中さんの 田舎は オキナワです。

(타나카씨의 고향은 오키나와입니다.)

25. もど(戻)る : (V) 되돌아가다, 되돌아오다

⇨ 男女(だんじょ)の なかは 一度(いちど) こじれると なかなか もとに もどらない ものだ。

(남녀 사이는 한번 악화되면 좀처럼 본래로 돌아가지 않는 법이다.)

26. 田(た) : 논 (= たんぼ)

⇨ 田を 返(かえ)して いる。

(논을 갈고 있다.)

27. 畑(はたけ) : 밭

⇨ 裏(うら)の 畑は かなり 広(ひろ)いです。

(뒤쪽에 있는 밭은 꽤 넓습니다.)

28. たがや(耕)す : (논밭 등을) 갈다

⇨ 四月(しがつ)に なると、わが家(や)の 父(ちち)は、毎日(まいにち)の ように 朝早(あさはや)く 起きて 畑(はたけ)を たがやす。

(4월이 되면 우리 집 아버지는 매일같이 아침 일찍 일어나 밭을 간다.)

29. 幸(しあわ)せ : 행복

⇨ ご家族(かぞく)の 幸せを お祈(いの)り します。

(가족분의 행복을 빌겠습니다.)

30. くらす(暮す) : (V) 살다, 지내다

⇨ 話(はなし)に よると あの俳優(はいゆう)は、家族四人(かぞく-よにん)で ごく地味(じみ)に くらしている そうです。

(이야기에 의하면 그 배우는, 가족 4명이서 아주 검소하게 살고 있다고 합니다.)

31. 大丈夫(だいじょうぶ)だ : (Av) 괜찮다, 문제없다

⇨ いくら 走(はし)っても だいじょうぶです。

(아무리 달리더라도 문제없습니다.)

32. ロマンチックだ : (Av) 로맨틱하다 (= romantic)

⇨ この本は ロマンチックな 物語(ものがたり)の 小説(しょうせつ)です。

(이 책은 로맨틱한 이야기의 소설입니다.)

용법 해설

※ 조건·가정의 표현

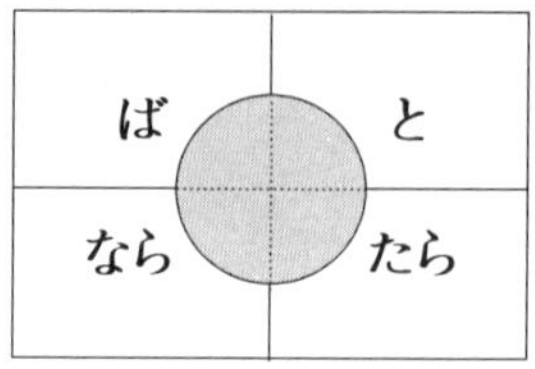

❶ (V / A / Av 의 仮) + ば → ~하면 〔일반사실, 진리, 과거(×)〕

⇨ 1に 2を 足(た)せば 三です。
(1에 2를 더하면 3입니다.)
日(ひ)が のぼれば あかるい。
(해가 뜨면 밝다)
春(はる)に なれば、家(いえ)の 前(まえ)の 桜(さくら)の 花(はな)が 咲(さ)く。
(봄이 되면 집 앞에 있는 벚꽃이 핀다.)

❷ (活의 終 + と) → ~자, ~ ㄴ즉, ~니까
〔구체적 상황 설명, 성립즉시 유발, 과거(×)〕

* (活) → V·A·Av·助v

⇨ 油(あぶら)が 切(き)れると 音(おと)が した。
(기름이 떨어지자 소리가 났다.)
ドアが 開(ひら)くと どっと お客(きゃく)が 入(い)り込(こ)んだ。

(문이 열리자 우르르 손님이 들이닥쳤다.)

雨が 止(や)むと、空(そら)が 晴(は)れて 明(あか)るく なった。

(비가 그치자 하늘이 개어 환해졌다.)

❸
- N
- V의 終
- A의 終
- Av의 어간

+ なら → ~라면

(성립을 전제로 취함, 시제무관)

⇨ 酒(さけ)なら 何(なん)でも すきだ。

(술이라면 뭐라도 좋아한다.)

もし 私が お金持(かねも)ちなら、世界旅行(せかいりょこう)が したい。

(만약 내가 부자라면 세계여행을 하고 싶다.)

二十歳(はたち)に なっなら タバコを 吸(す)っても いいです。

(스무 살이 되면 담배를 피워도 좋습니다.)

体(からだ)が 丈夫(じょうぶ)なら、どんな 仕事(しごと)でも できる。

(몸이 튼튼하면 어떤 일이라도 할 수 있다.)

❹
- N だっ
- V의 用(かっ)
- A의 用(かっ)
- A의 用(だっ)

+ たら → ~ㄴ 다면 (주관표현, 문말에 명령·권유·희망 등, 시간전 先後, 시제무관)

⇨ 授業(じゅぎょう)が 終(お)わったら 帰(かえ)りなさい。

(수업이 끝나면 돌아가요.)

天気(てんき)が 悪(わる)かったら、山登(やまのぼ)りは やめましょう。

(날씨가 나쁘면 등산은 그만둡시다.)

中村さんも 元気(げんき)だったら、きて くれたでしょう。

(나카무라씨도 건강했더라면, 와 주었겠지요.)

20課 お名前を お書きに なって ください。

いらっしゃいませ。
一週間まえ、予約して おいた ツジムラと 申しますが…。
はい、ツジムラ様で ございますね。
チェックインを お願いします。
ここに 住所と お名前を お書きに なって ください。

これで いいですか。
はい、よろしゅう ございます。
二泊三日で ございますね。
洋室と 和室の うち、どちらに いたしましょうか。
和室で お願いします。
朝食つきで ございますね。
はい、朝食つきです。

だれか わたしを 訪ねて 来ませんでしたか。
先ほど、村上様と いう 方が お見えに なりました。
午後 3時にロビーで お待ちして いると のことで ございます。
ああ、そうですか。どうも ありがとう。

部屋は 502号室で ございます。
ご案内 いたします。この エレベーターを ご利用 ください。
五階で ございます。あちらの 廊下を ずっと まっすぐ お進み ください。
はい、どうも ありがとうございます。

山田先生、よく いらっしゃいました。
村上先生、これは、ひさしぶりですね。
空港まで 迎えに まいる つもりでしたが、研修団の
ための 講義が ありまして、どうも 失礼いたしました。
いや、大丈夫です。
空港から タクシーで おいでに なったんですか。
ええ、タクシーで 来たんです。
さいわいにも 道も こんで いなかったです。

こんばん 夕食の お約束は、ございますか。
交流センターの チン先生との お食事で ございますが、お供 いたしましょうか。
ええ、わかりました。

チン先生、おひさしぶりですね。
山田先生、おひさしぶりです。
あい変わらず、お元気ですか。
おかげさまで 元気です。
お食事は 何に なさいますか。
なんでも かまいません。
おさしみは いかがでしょうか。

はい、いいです。
それじゃ、さしみに いたしましょう。

山田先生、きのうの 新聞を お読みに なりましたか。
いいえ、まだ 読んで いないです。
このごろ 新聞を 読む 暇が ありません。
たいへん いそがしいです。
先生の お書きに なった コラムが 新聞に 出て いました。
ああ、そうですか。
わたしは 長い間 定期的に コラムを 書いて いるんです。
人間の 人生に ついての 内容でしょう。
それに 人間の 幸福の ことも 書いて います。
これから きびしい ご評価を お願い いたします。
はい、かしこまりました。

先生、あした 何時の 飛行機でしょうか。
朝 10時です。
それでは、あす 早く ホテルから ご出発 なさいますね。
はい、こんばん 手荷物を まとめ なくては いけません。

お帰りの チケットを 買われましたか。
もう 買って あります。
先生、あしたは 空港まで お見送り 申し上げます。
わざわざ すみませんね。いそがしいのに。
いいえ、どういたしまして。

단어 해설

새로운 한자

- お名前(なまえ) : 이름
- 一週間(いっしゅうかん) : 일주일
- 予約(よやく) : 예약
- 申(もう)す : (V) 말하다 (겸양어)
- ～様(さま) : ～씨 (さん의 높인 말)
- お願(ねが)いする : 부탁하다 (겸양표현)
- 住所(じゅうしょ) : 주소
- 二泊三日(にはく-みっか) : 2박 3일
- 洋室(ようしつ) : 서양식 방
- 和室(わしつ) : 일본식 방 (다다미 방)
- 朝食(ちょうしょく) : 조식
- 訪(たず)ねる : (V) 방문하다
- 先(さき)ほど : 조금 전
- 村上様(むらかみさま) : 무라가미씨
- 方(かた) : 분
- 見(み)える : (V) 보이다
- 午後(ごご) : 오후
- 待(ま)つ : (V) 기다리다
- 部屋(へや) : 방
- ～号室(ごうしつ) : ～호실
- 案内(あんない) : 안내
- 利用(りよう) : 이용
- 五階(ごかい) : 5층
- 廊下(ろうか) : 복도

・ 進(すす)む ： (V) 나아가다, 진행하다
・ 空港(くうこう) ： 공항
・ 迎(むか)えにいく ： 마중하러 나가다
・ 研修団(けんしゅうだん) ： 연수단
・ 講義(こうぎ) ： 강의
・ 失礼(しつれい) ： 실례
・ 大丈夫(だいじょうぶ)だ ： (Av) 괜찮다
・ 道(みち) ： 길
・ 夕食(ゆうしゅく) ： 저녁밥
・ 約束(やくそく) ： 약속
・ 交流(こうりゅう)センター ： 교류센터
・ 食事(しょくじ) ： 식사
・ お供(とも)する ： 모시고 함께 가다 (겸양표현)
・ あい変(か)わらず ： 변함없이
・ 元気(げんき) ： 건강, 힘
・ 新聞(しんぶん) ： 신문
・ 読(よ)む ： (V) 읽다
・ 暇(ひま) ： 한가함, 여유
・ 出(で)る ： (V) 나오다, 나가다
・ 長(なが)い間(あいだ) ： 오랫동안
・ 定期的(ていきてき)だ ： (Av) 정기적이다
・ 人間(にんげん) ： 인간
・ 人生(じんせい) ： 인생
・ 内容(ないよう) ： 내용
・ 幸福(こうふく) ： 행복
・ 評価(ひょうか) ： 평가
・ 飛行機(ひこうき) ： 비행기
・ 朝(あさ) ： 아침
・ 10時(じゅうじ) ： 10시

・ 出発(しゅっぱつ) : 출발
・ 手荷物(てにもつ) : 수화물
・ 買(か)う : (V) 사다
・ 見送(みおく)り : 배웅, 전송
・ 申(もう)し上(あ)げる : 말씀드리다 (겸양표현)

중요한 단어

1. お名前(なまえ) : 성함, 이름

⇨ ご予約(よやく)の お名前は?

(예약하신 성함은 무엇입니까?)

2. これで いいですか : 이걸로 괜찮습니까?

⇨ 書(か)き込(こ)みました。これで いいですか?

(써 넣었습니다. 이걸로 괜찮습니까?)

3. よろしゅう ございます : 괜찮습니다

⇨ ひとつだけ 残(のこ)っています。これで よろしゅう ございますか?

(하나만 남아 있습니다. 이거라도 괜찮습니까?)

4. ~の うち : ~중

⇨ 大会参加者(たいかい-さんかしゃ)の うち 遠隔地(えんかくち)の 人には 宿泊所(しゅくはくじょ)が 提供(ていきょう)された。

(대회 참가자 중에서 먼 곳에서 온 사람에게는 숙박이 제공되었다.)

5. ~つき(付き) : ~를 붙여, ~를 포함 함.

⇨ 食事(しょくじ)つきの 宿泊(しゅくはく) プラン。

(식사를 포함한 숙박 플랜.)

6. ~と いう 方(かた) : ~라는 분

⇨ これ、長時間(ちょうじかん) 乗(の)ると いう 方にも おすすめ!

(이것은 장시간 타는 분에게도 추천해요!)

7. 廊下(ろうか) : 복도

⇨ こどもたちは 廊下を 賑(にぎ)やかに 走(はし)って いる。

(아이들이 복도를 신나게 달리고 있다.)

8. ずっと : 쭉

⇨ 1時間(いちじかん)ぐらい ずっと 待(ま)っていた。

(한 시간 정도 쭉 기다리고 있었다.)

9. まっすぐ : 똑바로, 곧장

⇨ 風上(かざかみ)に 向(む)かって まっすぐ あるくのは むずかしい。

(바람이 불어오는 쪽을 향해 똑바로 걷는 것은 어렵다.)

10. 進(すす)む : (V) 나아가다

⇨ わかものは 前(まえ)へ 進まなければ ならない。

(젊은이는 앞으로 나아가야 한다.)

11. 迎(むか)え : 맞이함, 마중

⇨ 駅前(えきまえ)に 迎えの 車(くるま)を 出した。

(역 앞으로 마중하는 차를 보냈다.)

12. 大丈夫(だいじょうぶ)だ : (Av) 괜찮다

⇨ 薬(くすり)を 飲(の)んだから たぶん 大丈夫だろう。

(약을 먹었으니까 아마 괜찮을 거다.)

13. さいわいにも(幸いにも) : 다행히

⇨ さいわいにも 投資(とうし)して もうかった。 運(うん)が よかった。

(다행히 투자해서 벌었다. 운이 좋았다.)

14. あい変(か)わらず : 변함없이, 여전히

⇨ その後(ご) 相変わらず お元気(げんき)でしょうか。

(그 이후 별고 없이 건강하신지요?)

15. かまう(構う) : (V) 상관하다

⇨ 早(はや)く うちへ 帰(かえ)っても かまいません。

(일찍 집에 돌아가도 상관없습니다.)

16. 暇(ひま) : 틈, 짬

⇨ このごろ 本(ほん)を 読(よ)む 暇も ない。

(요즘 책을 읽을 틈도 없다.)

17. コラム : 칼럼 (= column)

⇨ 因縁(いんねん)に ついて 書(か)いた コラム。

(인연에 대하여 쓴 칼럼.)

18. 長(なが)い間(あいだ) : 오랫동안

⇨ 長い間 病臥中(びょうがちゅう)の 母(はは)。

(오랫동안 와병 중인 어머니.)

19. 定期的(ていきてき)だ : (Av) 정기적이다

⇨ 定期的に 運動(うんどう)を すると 健康(けんこう)に なりますよ。

(정기적으로 운동을 하면 건강해 져요.)

20. ～に ついての : ～에 대한, ～에 관한

⇨ 交通(こうつう) サービスに ついての 考(かんが)え方(かた)が 必要(ひつよう)です。

(교통 서비스에 대한 생각이 필요합니다.)

21. きびしい(厳しい) : 엄격하다

⇨ 柔道(じゅうどう)は きびしい 先生から 教(おし)えて いただきました。

(유도는 엄격한 선생님으로부터 배웠습니다.)

22. 手荷物(てにもつ) : 수하물

⇨ すみません、手荷物を 預(あず)けようと します。

(실례합니다. 수하물을 맡기려고 합니다.)

23. まとめる(纏める) : (V) 정리하다

⇨ 要旨(ようし)を 簡単(かんたん)に まとめなさい。

(요지를 간단히 정리하세요.)

24. 見送(みおく)り : 송별, 배웅, 전송

⇨ 友人(ゆうじん)を 見送りに 停車場(ていしゃじょう)に 行(い)って 来(き)た 。

(친구를 배웅하러 정거장에 갔다 왔다.)

25. わざわざ : 일부러, 고의로

⇨ 遠路(えんろ) わざわざ お越(こ)し くださいまして ありがとうございました。

(먼 길을 일부러 와주셔서 감사합니다)

わざわざ 学校へ 行(い)く 必要(ひつよう)は ありません。

(일부러 학교에 갈 필요는 없습니다.)

용법 해설

❶ 기본적인 「경어」정리 (<별지-5> 참조)

❷ ~との こと : ~라는 것 (伝聞, ~と いう こと)

⇨ この度(たび)、試験(しけん)に パスなされた との こと、ほんとうに おめでとうございます。
(이번에 시험에 합격하셨다는데 정말로 축하드립니다.)

❸ Nの こと : Nに 対(たい)する こと (N에 대한 것)

⇨ 死(しん)んだ 恋人(こいびと)の ことを 思(おも)い出(だ)すと、胸(むね)が 張(は)りさけそうだ。
(죽은 연인의 일을 생각하니까 가슴이 메여 터질 것 같다.)
病気(びょうき)の 妻(つま)の こと、子供(こども)の 学費(がくひ)の ことを 考(かんが)えれば、わたしは 節(せつ)を まげざるを えなかった。
(병든 아내, 아이들 학비를 생각하면 나는 신념을 굽히지 않을 수 없었다.)
これは ぼくたち 二人(ふたり)の ことなんだ、第三者(だいさんしゃ)は 黙(だま)って くれないか。
(이건 우리 두 사람의 일이다, 제 3자는 가만히 있어 주지 않을래?)

❹ N + に する : N 로 하다 (N に なさる : 존경어, N に いたす : 겸양어)

⇨ 私は アイスコーヒーに します。
(나는 아이스커피로 하겠어요.)
私は 手作(てづく)りの お寿司(すし)に します。
(나는 직접 만든 스시로 하겠어요.)

21課　電話番号は 何番でしたっけ。

先生は 何時の 飛行機で 出発されるん だったかなあ。

そうですね～。何時だった かしら。

田中さんは 覚えてる かい。

えーと、十一時 十分 発だ そうです。

それじゃ、まだ 時間が かなり ありますよね。

そちらの カフェで コーヒーでも 飲んで 行きましょうか。

はい、行きましょう。

鈴木さん、どうですか。

うん、いいですよ。

いらっしゃいませ。何に なさいますか。

私は ホット・アメリカノです。田中さんは 何に します。

わたしは アイス・コーヒーだ。

鈴木さんは。

わたしは オレンジ・ジュースに するわ。

かしこまりました。ホット・アメリカノと アイス・コーヒーと
オレンジ・ジュースで ございますね。

お待たせ いたしました。ホット・アメリカノは どちら様ですか。

わたしです。

アイスコーヒーは　こちら様ですか。

はい、そうです。

オレンジ・ジュースは　わたしです。

先生には　ずいぶん　お世話に　なりました。

そうですね。ほんとうに　まじめな　先生だった<u>わ</u>。

きびしい　先生でした　けれど、とても　親切に　教えて　くださった<u>なあ</u>。

そうですよね。

さあ、そろそろ　行きましょ<u>うか</u>。

お会計は　いくら<u>かしら</u>。

わたしたちが　払いますから、鈴木さんは　いいですよ。

そうですか。それじゃ、ごちそうに　なります<u>わ</u>。

どうも　ごちそうさまでした。

やあやあ。みなさん、わざわざ　見送りに　来て　くれて、どうも　ありがとう。

先生、長い間　ほんとうに　お世話に　なりました。

おく様にも　よろしく　お伝え　ください。

みなさん！　電話番号は　何番でした<u>っけ</u>。

ちょっと　メモしときますわ。

じゃ、みなさんも　元気でね。さようなら。

先生、さようなら。お元気で。お体を　お大事に。

단어 해설

새로운 한자

- 電話番号(でんわ-ばんごう) : 전화번호
- 何番(なんばん) : 몇번
- 何時(なんじ) : 몇 시
- 飛行機(ひこうき) : 비행기
- 出発(しゅっぱつ) : 출발
- 覚(おぼ)える : (V) 외우다, 기억하다
- 十一時(じゅういちじ) : 11시
- 十分(じゅっぷん) : 10분
- ～発(はつ) : ～발 (출발행)
- 時間(じかん) : 시간
- 飲(の)む : (V) 마시다
- 行(い)く : (V) 가다
- ま(待)たせる : (V) 기다리게 하다
- どちら様(さま) : 어느 분
- お世話(せわ)になる : 신세지다
- 親切(しんせつ)だ : (Av) 친절하다
- 教(おし)える : (V) 가르치다
- 会計(かいけい) : 계산, 회계
- 払(はら)う : (V) 내다, 지불하다
- 見送(みおく)り : 배웅, 전송
- 長(なが)い間(あいだ) : 오랜 동안
- おく様(さま) : 사모님
- 伝(つた)える : (V) 전하다
- 元気(げんき)だ : 건강하다

・ 体(からだ) : 몸

・ 大事(だいじ)だ : (Av) 소중하다

중요한 단어

1. 覚(おぼ)える : (V) 보이다

⇨ そのひとの なまえは 覚えて いません。

(그 사람 이름은 기억나지 않아요.)

2. ～発(はつ) : ～발

⇨ 午前(ごぜん) 六時(ろくじ)発の 列車(れっしゃ)。

(오전 6시 발 열차.)

3. ～になさる : ～로 하시다

⇨ お飲(の)み物(もの)は 何(なに)に なさいますか。

(음료는 무엇으로 하시겠습니까?)

4. ホット・アメリカノ : 핫 아메리카노 (= Hot Americano)

⇨ ジュース じゃなくて ホット・アメリカノに します。

(주스가 아니고 뜨거운 아메리카노로 하겠습니다.)

5. かしこまる(畏まる) : (V) 분부대로 하다, 삼가 명령을 받들다

⇨ A : 明日(あした)まで 書類(しょるい)を 提出(ていしゅつ)して ください。

(내일까지 서류를 제출해 주십시오.)

B : はい、かしこまりました。

(네, 분부대로 하겠습니다.)

6. ～で ございます : ～입니다 (지극히 공손한 말, 'です'보다 경의가 높음)

⇨ A : トイレは どちらですか。

(화장실은 어느 쪽입니까?)

B : こちらで ございます。

(이쪽 입니다.)

7. お待(ま)たせしました : 오래 기다리셨습니다 (존경어)

⇨ たいへん お待たせしました。これから 始(はじ)めさせて いただきます。

(대단히 오래 기다리셨습니다. 지금부터 시작하겠습니다.)

8. ずいぶん : 대단히, 몹시, 꽤

⇨ これは ずいぶん ふるい 絵(え)です。

(이것은 꽤 오래된 그림입니다.)

9. お世話(せわ)になる : 신세를 지다

⇨ 誠(まこと)に お世話に なりました。

(정말로 신세를 많이 졌습니다.)

10. まじめ(真面目)だ : (Av) 착실하다, 성실하다

⇨ 彼は まじめすぎて 冗談(じょうだん)が 全然(ぜんぜん) 通(つう)じません。

(그는 너무 성실해서 농담이 전혀 통하지 않습니다.)

11. 親切(しんせつ)だ : (Av) 친절하다

⇨ 山田先生は いつも 親切で 学生たちは 好(す)きです。

(야마다 선생님은 항상 친절해서 학생들은 좋아합니다.)

12. そろそろ : (시간이 다 되어가는 모양) 이제 슬슬

⇨ もう 時間(じかん)です。そろそろ 出掛(でか)けましょう。

(이제 시간이 다 됐습니다. 슬슬 나갈까요.)

13. お会計(かいけい) : 계산

⇨ お会計 おねがいします。

(계산 해 주세요.)

14. ごちそうに なる : 얻어 먹다

⇨ 夕飯(ゆうめし)を ごちそうに なって ありがとう。

(저녁밥을 얻어먹어 고마워.)

15. ごちそうさまでした : 잘 먹었습니다 (식사 후)

⇨ 食(た)べた あとに 'ごちそうさまでした' と言(い)う。

(식사 후에 '잘 먹었습니다'라고 말한다.)

16. よろしく お伝(つた)え ください : 안부 잘 전해주십시오.

⇨ 日本の 家族(かぞく)、みなさんに よろしく お伝え ください。

(일본의 가족 모든 분들께 안부 잘 전해주십시오.)

17. ~しときます : ~해 두겠습니다 ('~して おきます'를 줄인 말)

⇨ これから 日程(にってい)に ついて 説明(せつめい) しときます。

(지금부터 일정에 대하여 설명해 두겠습니다.)

18. 元気(げんき)だ : (Av) 건강하다

⇨ 以前(いぜん)よりは もっと 元気に なって たいへん うれしいです。

(이전보다 더욱 건강해져서 대단히 기쁩니다.)

19. 大事(だいじ)だ : (Av) 소중하다, 중요하다

⇨ これは 命(いのち)の 次(つぎ)に 大事な 指輪(ゆびわ)です。

(이것은 목숨 다음으로 소중한 반지입니다.)

용법 해설

❶ **～かなあ : ～이더라?** (의문시, 현재)

⇨ 男(おとこ) かなあ。(남자인가?)

❷ **～だったかなあ : ～이었더라?** (의문시, 확인, 과거)

⇨ いくつ だったかなあ。(몇 살이었더라.)

❸ **～かしら : ～일까?** (의문시, 여성어)

⇨ ほんとう かしら。(정말일까?)
どうなる かしら。(어떻게 될까?)

❹ **～かい : ～ㄴ가?** (질문, 친한 사이, 남성어)

⇨ だいじょうぶ かい。(괜찮은가?)

❺ **～(よ)うか : ～ㄹ까?** (의향)

⇨ 行こ うか。(갈래?) へへ いま たべ ようか。(지금 먹을까?)

❻ **～だ : ～이다 (～로 하다)**

⇨ 私は コーヒーだ。(나는 커피다.)

❼ ～わ : 가벼운 주장 (상냥한 말씨, 여성어)

⇨ いかない わ。(안 갈래.)
どこでも いきたい わよ。(어디라도 가고 싶어.)

❽ ～なあ : **～이군, 이구나** (な의 강세, 감탄)

⇨ ほんとうに きれいだ なあ。(정말 아름답군)
はやく みたい なあ。(빨리 보고 싶구나)

❾ ～っけ : **～었었지** (잊었던 일을 그리워하는 기분), **～이지?** (분명하지 않은 것을 질문하거나 확인)

⇨ そんなことも あった っけ。
(그런 일도 있었었지.)
なまえは なんだ っけ。
(이름이 뭐랬더라. 뭐였었지?)
電話番号(ばんごう)は なんばんでした っけ。
(전화번호 몇 번이었지요?)

본문 한글해석

1과 잠깐 기다려 주십시오

(빵집에서)
어서 오세요.
오늘 아침 식빵은 벌써 나왔습니까?
고객님, 아직 나오지 않았습니다. 10시에 나옵니다.
잠시 기다려 주십시오.
네, 감사합니다.

이 도서관의 열람실은, 매우 조용하고 깨끗하네요.
그러네요.
오늘 몇 층에서 공부합니까?
4층의 어학 자료실에서 레포트를 쓸 예정입니다.
일본어의 음편형에 관해 쓸 생각입니다.
아 그렇습니까.

(대학의 정원에서)
이 대학의 정원은, 예쁘고 멋지네요.
네, 그렇군요. 놀랐습니다.
예상외로 넓네요.
그쪽의 벤치에 앉을까요?
네, 그렇게 합시다.
저 팻말을 봐주십시오.
「잔디에는 들어가지 마십시오.」 라고 쓰여 있습니다.

오늘은 좋은 날씨입니다만, 어딘가로 갈까요?
네, 갑시다.

2과 한국어로 뭐라고 합니까?

야마다씨는, 외국어 중에서 무슨 언어를 할 줄 압니까?
영어를 조금 합니다.
한국어는 어떻습니까?
한국어도 조금은 합니다.

「おはようございます」를 한국어로 뭐라고 합니까?
「안녕 하십니까」라고 합니다.
그럼, 「今 何時ですか」는, 뭐라고 합니까?
「지금 몇 시 입니까?」라고 합니다.
이건 조금 어렵군요.

저 노란 꽃은, 뭐라고 합니까?
저 큰 꽃 말씀입니까?
해바라기인데요. 아름답네요.

저 대나무 숲의 위에 있는 새는, 뭐라고 합니까?
학(두루미)이라고 합니다.
하얗고 크네요. 헤아릴 수 없을 정도로 많군요.

3과 아침부터 비가 내리고 있습니다

(날씨)
오늘은 아침부터 비가 내리고 있습니다.
바람도 불고 있습니다.
천둥도 치고 있습니다.
날씨가 나쁘네요.

어제는 좋은 날씨였습니다.
벚꽃도 피어 있었습니다.
그리고 모란도 피어 있었습니다.
어딘가에 꽃구경 갈까요?
네, 갑시다.

(PC실에서)
야마다씨, 이곳은 인문대학 PC실입니다.
매우 새롭고 깨끗하네요.
좌석은 몇 개 있습니까?
약 100석 있습니다.
그 밖에 PC실은 어디에 있습니까?
도서관과 학생회관에도 있습니다.
아, 그렇습니까? 부럽네요.
학생들은, 모두 열심히 키보드를 치고 있네요.
모두 레포트를 쓰고 있습니다.

4과 빨간 신발을 신고 있습니다

(명동에서)
오늘도 굉장히 덥네요.
네, 그렇네요.
장마도 끝났으니까, 더 더워질 거라고 생각합니다.

저쪽을 봐주세요.
저 사람은, 높은 모자를 쓰고 있네요.
아, 그렇군요. 샌드위치맨입니다.

모두, 민소매 셔츠를 입고 있습니다.
그것은 매우 편하죠.

저 남자는, 파란색 넥타이를 매고, 멋진 선글라스를 쓰고 있습니다.
그렇군요.
유명한 배우와 닮았네요.

저 여자는, 빨간 구두를 신고 있습니다.
최신 디자인으로 잘 어울립니다. 멋있네요.

5과 커다란 그림이 걸려 있습니다

(모델 하우스에서)
어서오세요.
여기는 새로운 아파트의 모델하우스입니다.
이 방에 커다란 그림이 걸려있네요.
어떤 그림입니까?
네덜란드의 유명한 그림입니다. 고흐의 <해바라기>입니다.

저기에 걸려있는 시계는 크군요.
네, 그렇습니다.
1.5미터정도 됩니다. 아주 가격이 비쌉니다.

(경복궁에서)
여기는, 서울의 한가운데에 있는 경복궁입니다.
경복궁의 문은 항상 열려있습니까?
아니요, 항상 열려 있지 않습니다.
오후 10시부터는 닫혀있습니다.

팜플렛은, 전부 한국어로 쓰여져 있습니까?
아니요, 일본어로 쓰여져 있는 것도 있습니다.
여기 있습니다. 자, 가지세요.
매우 감사합니다.

6과 한국에 돌아가려고 생각하고 있습니다

김씨는 장래에 무엇이 될 예정입니까?
선생님이 되고 싶습니다.
무슨 선생님입니까?
일본어 선생님이 되고 싶습니다.

일본에 어느 정도 있을 예정입니까?
5년간 있을 예정입니다.
대학원을 졸업하고 나서 한국에 돌아가려고 합니다.

결혼은 언제쯤 하려고 생각하고 있습니까?
확실한 것은 모르겠습니다만, 내년 결혼할 예정입니다.
축하합니다. 기대하고 있겠습니다.

일본에 친구가 많이 있습니까?
한국인 친구는 많이 없습니다만, 일본인 친구는 많습니다.
아, 다행이네요. 쓸쓸하다고 생각했습니다만 ….

7과 김치는 여러 가지 재료로 만듭니다

벌써 된장국이 완성됐습니다.

벌써요?
빠르네요.
무엇으로 만들었습니까?
양파와 마늘과 고추, 그리고 된장으로 만들었습니다.

맛있는 냄새가 나네요.
한번 시식해보지 않겠습니까?
맛있을지 어떻지 모르겠습니다.
맵지도 달지도 않네요. 음, 딱 좋습니다.
꽤 맛있어요. 음 최고네요.
된장으로 맛을 냅니까?
아니오, 여러 재료로 맛을 냅니다.
내가 만든 요리는 맛이 없어요.
왜 그렇습니까?
음, 그건 ….
요리라고 하는 것은, 솜씨가 중요하지 않습니까?
나는 성격이 급해서 빨리 만들어버리기 때문이에요.
앞으로는 천천히 만들어 보는 것은 어떨까요?

8과 오늘 눈이 온다고 합니다

오늘 날씨는 어떤가요?
일기예보에 따르면, 오후에는 눈이 온다고 합니다.
비는 올 것 같지는 않네요.
그리고, 바람도 불 것 같지 않군요.

눈은 많이 온다고 합니다.
다행이네요. 눈사람을 만들 생각입니다만 ….

기대되는군요.

스즈키씨는, 싱글벙글 웃고 계시네요.
오늘 기분이 좋아 보여요.
무슨 일 있었나요?
그게, 한국의 친구들한테 선물을 받았기 때문입니다.
아, 그렇습니까?
야마다씨의 표정으로 보면, 아무래도 돈이 없는 것 같아요.
돈 빌려드릴까요?
아니오, 괜찮습니다.

9과 저는 커피를 좋아합니다

저는 커피를 좋아합니다.
빵과 과자도 좋아합니다.
그리고 과일도 좋아합니다. 특히 바나나를 매우 좋아합니다.

술은 어떻습니까?
술은 그다지 좋아하지 않습니다.
담배는 매우 싫어합니다.
고기는 어떻습니까?
그다지 좋아하지 않습니다. 하지만 오리고기는 좋아합니다.

저는 맥주를 마시고 싶습니다.
야마다씨도 맥주를 마시고 싶습니까?
네, 물론입니다.
돼지고기도 먹고 싶습니까? 간단한 안주로써 먹고 싶습니다.
클래스메이트들도 돼지고기를 먹고 싶어 하고 있습니까?

아마 그럴 것이라고 생각되네요.

김씨는 차를 갖고 싶습니까?
저는 차는 갖고 싶지 않습니다.
저는 아직 학생이고, 돈도 없기 때문에 무리입니다.
저의 친구는, 신형 차를 매우 갖고 싶어 하고 있습니다.
특히 드라이브 하는 것을 재밌어하고 있습니다.

10과 야마다씨는 한국 신문을 읽을 수 있습니까?

김씨는, 수영을 할 수 있습니까?
네, 잘은 못하지만, 조금 할 수 있습니다.
이번 달부터 본격적으로 배우려 하고 있습니다.

야마다씨는 영어를 말할 수 있습니까?
네, 조금 말할 수 있습니다.
타임이라고 하는 잡지는 읽을 수 있습니까?
네, 읽을 수 있습니다.

김씨는 AERA라고 하는 주간지를 읽을 수 있습니까?
에? AERA란 뭡니까?
아사히신문이 발행하고 있는 잡지입니다.
그렇습니까? 알지 못 했습니다.
조금 읽을 수 있지만, 그렇게 대단하지는 않습니다.

스즈키씨는, 아이패드를 가지고 있습니까?
네, 가지고 있습니다.
우리 학생은 대부분 가지고 있습니다.

놀랐습니다. 부럽네요.

아이팻을 누를 때, 왼손으로 칩니까?
아니요, 치지 못합니다.
저는, 오른손잡이입니다. 그래도 양손을 씁니다.

김씨는 일본어로 전화 걸 수 있습니까?
아니요, 아직 걸 수 없습니다.
열심히 노력하려고 생각하고 있습니다.

야마다씨는 내일 아침 일찍 일어날 수 있습니까?
몇 시 쯤 입니까? 5시쯤입니다.
아니요. 일어날 수 없습니다. 아침은 약하기 때문에 곤란합니다.
정말 유감스럽군요.

다나카씨는 골프를 칠 수 있습니까?
골프는 그다지 못합니다.
요즈음 골프 대신 경보를 하고 있습니다.
경보라고 하는 것은, 무엇입니까?
발의 뒤를 떼지 않고, 걷는 스포츠입니다.
재미있는 스포츠군요.
네, 매우 재밌습니다.
몸에 매우 좋다고 생각합니다.
일주일에 두 번, 3키로 정도 걷습니다만,
땀이 많이 나서 대단합니다.
한 달 정도 한다면, 몸이 더 가벼워지는 것처럼 됩니다.
게다가, 강을 바라보면서 걷는 것이 무엇보다 즐겁습니다.

11과 김씨는 형제가 있습니까?

스즈키씨는 아이가 있습니까?
두 명 있습니다.
큰 아이는 여자 아이고, 작은 아이는 남자 아이입니다.

올해는 몇 살입니까?
큰 아이는 5살이고, 작은 아이는 3살입니다.
행복한 가족이네요.
마치 인형같이 귀엽지요?
그렇군요. 귀엽습니다.

김씨는 형제가 있습니까?
네, 있습니다. 여섯 형제입니다.
가장 윗사람은 남자입니까?
아뇨, 누나입니다.
김씨는 몇 번째입니까?
저는 네 번째입니다.
키는 어느 정도 입니까?
170cm입니다.

체중은 얼마 됩니까?
70kg됩니다.
최근에 다이어트 해서 3kg 줄인 것입니다.
아, 그렇습니까.

가능한 한 술은 마시지 않도록 하는 편이 좋습니다.
네, 알겠습니다.
그리고 담배는, 절대로 끊는 것이 좋습니다.

저는 작년에 과감하게 그만뒀습니다.
「백해무익하다」 라는 말도 있지요.

막내 동생은, 미국인 같네요.
브래드 피트와 닮았어요.

12과 영어와 중국어 중 어느 쪽이 쉽습니까?

김씨, 지금 여름휴가시군요.
네, 여름휴가입니다.
어딘가에 다녀오셨습니까?
네, 일본에 다녀 왔습니다.

마쓰야마에 일이 있어서 일주일 정도 있었습니다.
우리 일본연수단과의 교류회가 있어서.
그렇습니까? 수고하셨네요.

야마다씨는, 최근에 영어를 배우고 있습니까?
아니오, 중국어를 배우고 있습니다.
영어와 중국어 중 어느 쪽이 쉽다고 생각합니까?
영어 쪽이 쉽다고 생각합니다.

어째서 입니까?
중국어의 발음은, 영어보다 어렵다고 생각합니다.
역시 사성이 어렵군요.

야마다씨는, 외국어 중에서, 어느 말이 쉽다고 생각합니까?
저는, 가장 쉬운 것은, 한국어라고 생각합니다.

어째서 입니까?
지금까지 쭉 배우고 있었기 때문에 익숙해져 있으니까요.
그리고, 저에겐 한국인 친구가 많이 있기 때문입니다.

스즈키씨는, 서울에는 갔던 적이 있습니까?
최근에는 가지 않았지만, 2년 전에 서울 관광을 한 적이 있습니다.
비원에도 갔었나요?
물론입니다. 그곳은 멋졌습니다.

13과 에어컨을 틀어도 좋습니까?

스즈키씨, 요즘 기온이 굉장히 높네요.
오늘 기온은, 어제보다 높아질까요?
아마도 높아질 거라고 생각합니다.
몇도 정도가 될 것 같습니까?
글세요. 일기예보에 따르면, 어제 울산 쪽은 37도까지 올라갔다고 합니다.
그렇기 때문에 여기도 별로 변하지 않을 거라고 생각합니다.
큰일이네요.

지금 전력이 대단히 큰 문제가 되고 있습니다.
그래서, 정부에서는, 특별한 절약 대책을 세우고 있다고 해요.
김씨의 가정에는 절약하기 위해서, 어떻게 하고 있습니까?
우선은 필요 없는 곳에서는 절대로 전기는 사용하지 않습니다.
그리고 최대한 가끔 에어컨을 켜지 않도록 하며, 주로 선풍기를 사용하고 있습니다.
우리 집도, 필요한 전기는 끄면 좋겠네요.
모두 함께 전기의 절약을 힘쓰지 않으면 ….

대학교 안에서는, 담배를 피워도 됩니까?
피워서는 안 됩니다. 금연 구역입니다.
건강에 결코 좋지 않습니다.
앞으로는 피우지 말아주십시오.
그 대신 운동을 하면 담배 끊기 쉬워요.
우리 인간은, 운동을 하지 않으면 안 됩니다.

야마다씨, 잠깐 여쭙겠습니다만, 술과 담배는 좋아하십니까?
술은 좋아합니다만, 담배는 피지 않습니다.
하지만, 술은 알코올이 없는 것도 마십니다.

14과 일요일인데 학교에 갑니까?

김씨, 내일 공휴일이라서, 구청은 하지 않습니다.
그렇습니까? 몰랐습니다.
어떡하죠? 내일까지 꼭 서류를 제출하지 않으면 안 됩니다만 ····
아이고 곤란하게 됐네요.

오늘 일요일인데도 학교에 갑니까?
네, 수업은 없지만, 리포트를 쓰기 위해서 가야해요.
그래서 학교 도서관에 갑니다.
도서관에서는 모두 공부하고 있으니까, 조용히 해주세요.
다른 사람에게 방해가 되면 안 됩니다.

스즈키씨, 지금부터 수업이 있는데 집에 돌아가는 건가요?
네, 돌아갑니다.
몸 상태가 좋지 않기 때문입니다.
어제 밤새 리포트를 썼기 때문입니다.

15과 비가 내린 것 같습니다

야마다씨, 오늘 아침에 일어나 보니 비가 내린 것 같습니다.
어제 하루 종일 비가 내렸다고 합니다.
그리고 천둥도 쳤다고 합니다.
지금도 비가 오고 있는 것 같아요.
길을 보니까 우산을 들고 가는 학생도 보이니까요.

다나카씨, 지금부터 어디로 갑니까?
잠깐 비를 피하기 위해, 북스토아(서점)에 갑니다.
서점은 어디에 있습니까?
원래는, 학생회관 1층에 있었습니다만,
옆으로 옮겼습니다.
아아, 그렇습니까?
북카페도 있고, 굉장히 편리해졌습니다.
그렇군요.

선생님, 누군가 온 것 같습니다.
노크하는 소리가 납니다.
학과사무실의 조교 인듯합니다.
조금 전, 몇 개인가 맡긴 일이 있기 때문입니다.

선생님, 강의가 2시부터 시작하지 않으신가요?
응, 그런가.
지금 2시 10분을 지났습니다. 선생님!
아, 잊고 있었다. 미안.
몇 명은 휴강일 거라고 생각하고, 돌아갔을지도 모르겠습니다만,
그래!

다나카씨, 후덥지근한데 무언가 마시고 싶지 않습니까?
나는 콜라 같은 것이 마시고 싶습니다.
콜라입니까?
주스는 어떻습니까? 몸에 좋은데.
주스는 무엇이 있습니까?
여러 가지 주스가 있습니다만, 키위 주스는 맛있습니다.
한번 마셔 보겠습니다.

16과 초콜릿을 받았습니다

오늘은, 다나카씨의 생일입니다.
김씨는 다나카씨에게 어떤 선물을 줄 예정입니까?
손수건을 사서 줄 생각입니다.

다나카씨, 선물을 받았습니까?
네, 받았습니다.
누구로부터 받았습니까?
김씨에게서 손수건을 받았습니다.
그리고 스즈키씨로부터 초콜릿을 받았습니다.

선생님이 나에게 사전을 주셨습니다.
무슨 사전입니까?
한일사전을 주셨습니다.
한국 신문을 읽기 위해서는 꼭 필요한 사전이죠.
그것은, 다행이네요.
다나카씨는 선생님에게서 사전을 받고서 기뻐했습니다.

야마다씨는 다나카씨에게 무엇을 줍니까?

생각 중입니다. 실용적인 선물이 좋겠네요.
네, 그렇습니다.
그를 위해서, 무엇이 좋을지 정해서 알려드리겠습니다.

다음주 5월 15일은 스승의 날입니다.
스승의 날에 무엇을 드립니까?
그렇군요. 무엇이 좋을까 ….
모자는 어떻습니까?
스포츠용 모자입니까?
좋아요. 선생님은 운동을 아주 좋아하시니까, 딱 맞네요.
그럼, 그걸로 결정했어요.

선생님은 학생들에게서 모자를 사 받았습니다.

17과 타인에게 연습을 하게 합니다

여기는 히트네스 센터입니다.
모두 열심히 운동을 하고 있습니다.
젊은 학생부터 나이든 사람까지 많이 있습니다.

저는, 매우 살쪘습니다(뚱뚱합니다).
체중은 75kg, 키는167cm입니다.
그렇기 때문에, 다이어트하지 않으면 안 됩니다.
최종목표는, 60kg까지 줄이는 것입니다.

먼저 매일 트레이너가, 기본적인 체조를 하게 합니다.
그리고 스트레칭을 가르쳐 주십니다.
그리고 나서 러닝의 뛰는 법도 가르쳐 주십니다.

알기 어려운 것이 있으면, 무엇이든 가르쳐 주십니다.
트레이너는 친절하게 설명해 주십니다.

때로, 비오는 날에는, 축구선수들이 여기서 체력 트레이닝을 하고 있습니다.
선수의 감독이 직접 지도해 줍니다.
때때로 「열심히 해!」라던가 「다시 한 번 해!」라는 큰 목소리가 들립니다.

선생님, 죄송합니다만, 10분간 쉬어도 되는지요?
네, 알겠습니다.
오늘은 첫날이니까 좀 힘들죠.
네, 대단히 힘듭니다.
10분 쉬고 나서, 여러 가지 운동기구의 움직이는 방법을 가르쳐 주겠습니다.
그럼, 슬슬 시작할까요?
네, 잘 부탁합니다. 저도 열심히 하겠습니다.

18과 엄마에게 꾸중 들었습니다

타나카씨, 무슨 일 있었나요?
슬픈듯한 얼굴을 하고 있네요.
네, 오늘 엄마에게 꾸중 들었습니다.
무슨 일 때문인가요?
오늘 아침에 일어나는 것이 늦었기 때문입니다.

야마다씨는, 기분이 좋은 것 같은 얼굴을 하고 있네요.
야마다씨는, 오늘 좋은 일을 해서 선생님으로부터 칭찬 받았습니다.
어떻게 해서 말인가요?
레포트를 잘 써서 칭찬 받았습니다.
타나카씨, 오늘 기운이 없어 보이네요.

무슨 일 있었나요?
어제 지하철 안에서 지갑을 도둑 맞았습니다.
돈은 별로 많지 않았지만, 여권을 잃어먹어서.
그것 참 최악이었네요.
내일 대사관에 가능한 한 빨리 신고하려고 합니다.
그게 좋은 방법이겠네요.

해질녘 집으로 돌아가는 도중, 갑자기 비에 맞아버렸습니다.
게다가 천둥도 쳤습니다.
굉장히 무서웠습니다.
요즘은 날씨가 변덕이 심해.

점심때에 메밀국수 가게에 갔었습니다.
한 시간 정도 기다렸습니다. 새로운 메밀국수 가게라서
손님이 많이 모여 있었기 때문입니다.
꽤나 맛있었습니다.

오늘 밤, 저는 오늘 약속이 생겨서 술은 마시게 되었습니다.
그런가요? 어떤 약속인데요?
군대에 있는 친구가 휴가를 맡아 왔습니다.
좋았겠네요.
오랜만에 술을 마시게 됐습니다. 어쩔 수 없었어요.

19과 로또에 당첨된다면, 무엇을 하고 싶나요?

스즈키씨, 일본에도 복권 로또가 있나요?
네, 물론 있습니다.
한국도 같습니다.

복권을 사나요?
가끔 재미로 삽니다.
복권 로또에 당첨된다면, 무엇을 하고 싶나요?
그렇군요. 당첨 된다면, 훌륭한 태블릿 PC가 갖고 싶네요.

김씨, 드디어 단풍의 계절이 되었네요.
늦가을이 되면, 단풍은 정말로 아름답습니다.
한국의 단풍은 아름답지요?
일본의 단풍도 굉장히 아름답습니다.
저는 최근 하코네 쪽에 단풍놀이에 다녀왔습니다.
정말인가요? 응, 부럽네요.

근처의 유치원 교실입니다.
여러분, 1부터 10까지 세어볼까요.
일, 이, 삼, 사, 오, 육, 칠, 팔, 구, 십 전부 세었습니다.
여러분 1에 3을 더하면 얼마인가요?
4입니다.
12를 6으로 나누면 얼마인가요?
2입니다.
모두들 잘 했습니다.

김씨는 부자가 된다면, 무엇을 하고 싶나요?
일단은 말이죠, 국내 볼 만한 곳에 가보고 싶습니다.
그리고 나서, 세계 일주를 하고 싶습니다.
예를 들면, 일본을 비롯해 아시아, 아메리카 등에 가고 싶습니다.

아아, 잊고 있었어. 스위스는 반드시 가보고 싶네요. 알프스에 등산하거나 빨간 열차에 타거나 하고 싶네요.
나중에는 말이죠, 시골에 돌아가서 농촌생활을 하고 싶습니다.

논이나 밭을 갈면 행복하게 살고 싶습니다.
몸이 괜찮다면 무엇이든지 할 수 있겠지요.
김씨는 로맨틱한 사람이네요.

20과 성함을 적어 주십시오

어서 오세요.
일주일전에 예약해 둔 츠지무라 라고 합니다만 ….
네, 츠즈무라님이시군요.
체크인을 부탁드립니다.
여기에 주소와 성함을 적어주세요.

이걸로 괜찮습니까?
네, 좋습니다.
2박3일이시군요.
서양실과 일본식 방 중 어느 쪽으로 해드릴까요?
일본식 방으로 부탁합니다.
아침식사 포함이군요.
네, 아침식사 포함입니다.

누군가 저를 찾아오지 않았습니까?
조금 전, 무라카미님이라는 분께서 오셨습니다.
오후 3시에 로비에서 기다리고 있으신다고 하셨습니다.
아, 그렇습니까? 매우 감사합니다.

방은 502호실이십니다.
안내해드리겠습니다. 이 엘리베이터를 이용해주세요.
오층이십니다. 저쪽의 복도를 계속 똑바로 가주십시오.

네, 매우 감사합니다.

야마다 선생님, 잘 오셨습니다.
무라카미 선생님, 정말 오래간만이군요.
공항까지 마중하러 가실 생각이었습니다만, 연수단 때문에 강의가 있어서 매우 실례했습니다.
아니오, 괜찮습니다.
공항에서부터 택시로 오셨습니까?
네, 택시로 왔습니다.
다행히도 길도 막히지 않았습니다.

오늘밤 저녁식사 약속은 있으십니까?
교류센터의 친 선생님과의 식사가 있습니다만, 모시고 가겠습니다.
네, 알겠습니다.

친 선생님, 오래만이군요.
야마다 선생님, 오랜만입니다.
여전히 건강하십니까?
덕분에 건강합니다.
식사는 뭐로 하시겠습니까?
아무거나 상관없습니다.
생선회는 어떻습니까? 네, 좋습니다.
그러면, 생선회로 하십시다.

야마다 선생님, 어제의 신문을 읽으셨습니까?
아니오, 아직 읽고 있지 않았습니다.
요즘 신문을 읽을 겨를이 없습니다.
많이 바쁩니다.
선생님께서 쓰셨던 칼럼이 신문에 나왔습니다.

아아, 그렇습니까?
저는 오랜기간 정기적으로 칼럼을 쓰고 있습니다.
인간의 인생에 관한 내용이죠.
게다가 인간의 행복에 대한 것도 쓰고 있습니다.
지금부터 엄격한 평가를 부탁합니다.
네, 알겠습니다.

선생님, 내일 몇 시 비행기입니까?
아침 열시입니다.
그렇다면, 내일 일찍 호텔에서 출발하시네요.
네, 오늘 밤 수화물을 정리하지 않아서는 안 됩니다.

돌아가시는 표를 사셨습니까?
이미 사서 놓았습니다.
선생님, 내일은 공항까지 배웅해 드리겠습니다.
일부러 미안하군요. 바쁘신 와중에.
아니오, 천만의 말씀이십니다.

21과 전화번호는 몇 번이었더라?

선생님은 몇 시 비행기로 출발하시는 거더라?
글세요. 몇 시였더라?
타나카씨는 기억 하고 있는가?
음, 11시 10분 출발이라 해요.
그러면, 아직 시간이 꽤 있군요.
저쪽의 카페에서 커피라도 마시러 갈까요?
네, 가죠.
스즈키씨, 어떻습니까?

응, 좋아요.

어서 오십시오. 무엇을 드릴까요?
저는 핫 아메리카노로 하겠습니다. 타나카씨는 뭐로 하시겠습니까?
저는 아이스커피로 하겠어요.
스즈키씨는?
저는 오렌지 주스로 할래요.
잘 알겠습니다. 핫 아메리카노와 아이스커피와 오렌지 주스시군요.

오래 기다리셨습니다. 핫 아메리카노는 어느 분입니까?
저입니다.
아이스커피는 이분입니까?
네, 그렇습니다.
오렌지 주스는 저입니다.

선생님께 대단히 신세졌습니다.
그렇군요. 정말로 성실한 선생님이셨어.
엄격한 성생님이셨지만, 매우 친절하게 가르쳐 주셨었지.
그렇군요.

자, 이제 슬슬 가볼까요?
금액은 얼마일까요?
우리들이 계산할 테니, 스즈키씨는 됐어요.
그렇습니까? 그럼, 잘 먹었습니다.
잘 먹었습니다.

이야. 모두들, 일부러 배웅하러 와 줘서 매우 고마워.
선생님, 오랫동안 정말 신세졌습니다.
사모님께도 안부 잘 전해주십시오.

모두들! 전화번호는 몇 번이었더라?
잠깐 메모해 둘께.
자, 여러분도 건강하게 잘 있어요. 안녕.

선생님, 안녕히 가세요. 건강하세요. 몸조심 하십시오.

별지

〈별지-1〉 동사(動詞, V)

❶ 특징

① 사물이나 사람의 동작, 상태, 존재를 표시.
② 기본형어미(語尾)가 う, く, ぐ, す, つ, ぬ, む, ぶ, る로 전부 「ウ段」으로 끝남.
③ 自立語로 어미(語尾)가 활용한다.

❷ 활용형의 종류 (7가지)

① 미연형(未然形) : ない(~ 지 않다, 부정) 등에 접속되는 꼴.(「ない形」이라고도 함)
② 연용형(連用形) : ます(~ ㅂ니다, 정중), て(~ 고, ~ 서), た(과거), たり(~ 이기도하고, 나열)등에 되는 꼴.(「ます形」 「て形」이라고도 함)
③ 종지형(終止形) : 문장이 끝나는 꼴. '~ (ㄴ)다'로 해석.
④ 연체형(連体形) : 명사(体言)에 접속되어 수식하는 꼴. いくひと(가는 사람), いくとき(가 ㄹ 때), いくまえ(가기 전에)로 해석.
⑤ 가정형(仮定形) : 조사 ば(~면)에 접속되는 꼴.(「ば形」이라고도 함)
⑥ 명령형(命令形) : 명령으로 끝나는 꼴.
⑦ 의지형(意志形)(未然形) : う, よう에 접속하여 의지, 추측, 권유의 뜻을 갖는 꼴. (「う形」이라고도 함)

❸ 동사의 종류 (5가지)

① 5단활용 동사

· 기본형어미는 마지막 하나.
· 판별방법 : う, く, ぐ, す, つ, ぬ, む, ぶ로 끝나는 것.
る로 끝나는 것 中, 바로 앞이 ア, ウ, オ段인 것.

· 다섯 단에 걸쳐 활용. (ア, イ, ウ, ウ, エ, エ, オ단으로)

意	命	仮	体	終	書か				連	未
こ	け	け	く	く。	く		い ←		き	か
う		ば	と		↓	た	た	て	ま	な
			き		쓰다	り			す	い
					か行					

② 上1단 동사

· 기본형어미는 마지막 두 개.

· 판별방법 : 어미가 'イ段＋る'로 끝남.

'る' 바로 앞이 イ段인 것.

意	命	仮	体	終	起お				連	未
き	き	き	き	き	き				き	き
よ	ろ・	れ	る	る。	る	た	た	て	ま	な
う	き	ば	と		↓	り			す	い
	よ		き		일어나다					
					か行					

③ 下1단 동사

· 기본형어미는 마지막 두개.

· 판별방법 : 어미가 'エ段＋る'인 것.

'る' 바로 앞이 エ段인 것.

意	命	仮	体	終	食た				連	未
べよう	べろ・べよ	べれば	べるとき	べる。	べる ↓ **먹다** ば行	たり	た	て	べます	べない

④ <u>か행변격 동사</u>

· '<u>来(く)る</u>' <u>하나밖에 없다</u>.

· <u>어간</u>과 <u>어미</u>는 분리 못한다.

· 활용이 カ行에서 변칙적이다.

意	命	仮	体	終	くる				連	未
こよう	こい。	くれば	くるとき	くる。	↓ **오다** か行	たり	た	て	きます	こない

⑤ <u>さ행변격 동사</u>

· '<u>する</u>' <u>하나뿐이다</u>.

· <u>어간과 어미</u>는 <u>분리 못한다</u>.

· 활용이 さ行에서 변칙적이다.

· 앞에 <u>명사를 붙여 많은 'する동사'를 만든다</u>.

⇨ 運動する(운동하다), 愛する(사랑하다),
勉強する(공부하다), 散歩する(산책하다)

意	命	仮	体	終	する ↓ **하다** さ行	連	未
しよう	せよ・しろ	すれば	するとき	する。		します たり た て	される しない せぬ

※ 위의 판별 방법중, <예외>가 있다. (다음의 동사는 5단동사임)

⇨ 入(はい)る(들어가다), 帰(かえ)る(돌아가다), 知(し)る(알다),

走(はし)る(달리다), 参(まい)る(가다, 오다), 要(い)る(필요하다),

切(き)る(자르다), 減(へ)る(줄다), 滑(すべ)る(미끄러지다),

照(て)る(비치다)

〈별지-2〉 동사(기본어휘)와 음편(音便)연습

- 動作 -- 歩(ある)く, 泳(およ)ぐ, 笑(わら)う, 磨(みが)く, 転(ころ)ぶ
- 状態 -- 思(おも)う, 疲(つか)れる, 驚(おどろ)く, 晴(は)れる, 消(き)える
- 存在 -- ある, いる

5段V

- ならう おもう かう あう すう うたう ちがう あらう つかう もらう わらう はらう はなしあう ひろう しまう ぬう

- いく あるく ふく はたらく みがく ひらく ひく おどろく はく さく まく あく やく つづく なく つく

- およぐ さわぐ いそぐ

- はなす かす だす うつす わかす なおす かえす さす たす けす
  つるす おとす たがやす

- まつ もつ たつ うつ

- しぬ

- よむ のむ やすむ たのむ ぬすむ とむ あむ しずむ

- いふ(文語)
  あそぶ よぶ よろこぶ とぶ はこぶ ならぶ ころぶ

• わかる のる ふる とる なる かる うる とまる もとる くもる そる あやまる おわる かぶる かかる しまる ひかる はる かざる わる のこる さがる まがる

<예외의 5단V>

• 帰(かえ)る 入(はい)る 知(し)る 走(はし)る 切(き)る 要(い)る 参(まい)る 減(へ)る 滑(すべ)る 照(て)る

上一段V

• おきる きる みる おりる かりる できる あびる のみすぎる

下一段V

• たべる ねる こたえる おしえる つかれる あげる さげる でる でかける はれる わかれる つとめる すてる かんがえる よごれる あける しめる とめる みせる つける かたづける はめる はえる いれる まける うける きえる たてる きこえる ならべる おぼえる みえる わすれる たおれる たてる やめる くずれる あつめる しらべる

カ行変格V

• 来(く)る

サ行変格V

• N＋する : 運動する, 愛する 등

〈별지-3〉 형용사(形容詞, A)[1]

(1) 사물의 성질·상태를 나타낸다. (대부분 반대어가 있다.)

⇨ 성질 : 暑(あつ)い ↔ 寒(さむ)い　상태 : 青(あお)い ↔ 赤(あか)い

(2) 기본형은 반드시「～い」로 끝난다. (우리말은「～다」로 끝난다.)

(3) 모델은「～い」이외「～しい」「～らしい」「～ましい」「～くさい」「～ない」「～ぽい」「○～○～しい」의 형으로 된 것이 많다.[2]

(4) 홀로 자립할 수 있으며(自立語), 술어(述語)가 될 수 있다.

(5) 활용어미는「い」이고, 다음과 같이 활용한다. (종지형·연체형은 기본형과 같다. 단, 명령형은 없다.[3] 활용명칭 → **未**然形·連**用**形·**終**止形·連**体**形·**仮**定形·**命**令形)

⇨ 星が<u>明るい</u>。 (별이 밝다.)
<u>青い</u>空, 天(あま)の川(がわ)。 (푸른 하늘 은하수.)

命	仮	終	体	さむ				用	未
×	**ければ**	**い。**	**い** + N	**い** ↓ **춥다**	**く** なる・する	ない	て	**かった**	**かろう**

1)「형용사」의 명칭은「い형용사」「형용사 I」이라고도 한다.
2) 형용사의「送(おく)り仮名(がな)」는 다음과 같이 다양하다.
⇨ 高(たか)い, 新(あたら)しい, 少(すく)ない, 慎(つつ)ましい, 素晴(すば)らしい
3) 명령형으로 굳이 말하고 싶을 때에는「~くする。」(연용형) 로 바꾸어서 표현하자.
「~くせよ。」「~くしろ。」「~くしなさい。」

⇨ **さむい (춥다)**

さむかろう (추울 것이다, = 공손어 さむいだろう, さむいでしょう)
さむかった (추웠다)　さむくて (추워서)
さむくない (춥지 않다, = 공손어 さむくないです, さむくありません)
さむくなる (추워지다)　さむくする (춥게 하다)　さむい。(춥다)
さむいとき (추울 때)　さむければ(춥다면)

(6) 「명사」로 만들 수 있다.(「さ」「み」「け」를 접속함.「み」「け」는 적음)

⇨ 女らしさ(여자다움), 悲(かな)しさ(슬픔), 甘(あま)さ(달기)

--속성(-ness, -ship)

重さ(무게), 長さ(길이), 大きさ(크기), 広さ(넓이), 寒さ(추위), 暑さ(더위)

-- 尺度, 정도

重み(중후함), 親(した)しみ(친밀감), 暖かみ, 面白み, 弱み, 深み

-- 맛, 취향(taste, touch)

寒け(한기), 眠け(졸리움), 色け(성적매력)　-- 경향, 느낌(touch)

(7) 「동사」로 만들 수 있다.(「~い」→「~がる」로 바꾼다)

⇨ 恐(こわ)い (무섭다) → こわがる (무서워하다)
可愛(かわ)いい (귀엽다) → かわいがる (귀여워하다)
暑い (덥다) → 暑がる (더워하다)
面白い (재미있다) → 面白がる (재미있어하다)
悲(かな)しい (슬프다) → 悲(かな)しがる (슬퍼하다)

(8) 복합의 「형용사」를 만든다.

· 동사 연용형 + やすい : ~기 쉽다
⇨ 読(よ)む → 読みやすい (읽기 쉽다)
· 동사 연용형 + にくい : ~기 어렵다
⇨ 書(か)く → 書きにくい (쓰기 어렵다)
· 동사 연용형 + よい : ~기 좋다

⇨ 住(す)む → 住みよい (살기 좋다)

(9) 연체수식어는 「～い」나 「くの」를 사용한다.

⇨ 多い大学 -- 多くの大学

(10) 형용사의 음편형(音便形)

형용사에 「～ございます」「～ぞんじます(思います, 知っていますの 겸양)」가 연결될 때, 연용형「～く」가 「～う」로 변한다.

① 어미만 변하는 것 : さむい, おおい

⇨ さむい → さむくございます → さむうございます

② 어간의 일부와 함께 요음(拗音)이 되는 것 : よろしい, うれしい, たのしい, かなしい

⇨ よろしい → よろ**しく**ございます → よろ**しゅう**ございます

③ 어간의 일부도 변화하는 것 : ありがたい, はやい, たかい

⇨ ありがたい → ありが**たく**ございます → ありが**とう**ございます

(11) 형용사 어휘 (1,010종)

⇨ 의미분류 : 색갈, 맛, 모습, 감정 등

형태분류 : 「～い」이외 「～しい」「～かい」「～らしい」「～ましい」
「～くさい」「～ない」「～ぽい」「○～○～しい」

• **「～い」**

赤(あか)い ↔ 青(あお)い, 白(しろ)い ↔ 黒(くろ)い 黄色(きいろ)い

大(おお)きい ↔ 小(ちい)さい, 高(たか)い - 비싸다 ↔ 安(やす)い - 싸다

長(なが)い ↔ 短(みじか)い, 太(ふと)い ↔ 細(ほそ)い

熱(あつ)い - 뜨겁다 ↔ 冷(つめ)たい - 차다

暑(あつ)い ↔ 寒(さむ)い, 面白(おもしろ)い ↔ 詰(つ)まらない

良(い)い ↔ 悪(わる)い, 良(よ)い ↔ 悪(わる)い

近(ちか)い ↔ 遠(とお)い, 多(おお)い ↔ 少(すく)ない

甘(あま)い - 달다 ↔ 辛(から)い - 맵다 塩辛(しおから)い

すっぱい - 시다 苦(にが)い - 쓰다, 重(おも)い ↔ 軽(かる)い

痛(いた)い, 可愛(かわい)い, 強(つよ)い ↔ 弱(よわ)い

甘(あま)い ↔ 厳(きび)しい, 若(わか)い

広(ひろ)い ↔ 狭(せま)い, 高(たか)い - 높다 ↔ 低(ひく)い - 낮다

厚(あつ)い - 두껍다 ↔ 薄(うす)い - 얇다

汚(きたな)い ↔ きれいだ, 清(きよ)い, 早(はや)い ↔ 遅(おそ)い

明(あか)るい ↔ 暗(くら)い, 濃(こ)い ↔ 薄(うす)い

怖(こわ)い ↔ 優(やさ)しい, 酷(ひど)い

辛(つら)い - 괴롭다

すごい - 굉장하다, 대단하다

広(ひろ)い ↔ 狭(せま)い

深(ふか)い ↔ 浅(あさ)い, するどい, 眠(ねむ)い

• 「~しい」

易(やさ)しい ↔ 難(むずか)しい, 新(あたら)しい ↔ 古(ふる)い

美味(おい)しい ↔ 不味(まず)い, 欲(ほ)しい

楽(たの)しい ↔ 苦(くる)しい, 忙(いそが)しい ↔ ひまだ

嬉(うれ)しい ↔ 悲(かな)しい, 悔(くや)しい - 분하다

涼(すず)しい - 서늘하다, 寂(さび)しい - 한적하다 ↔ 賑(にぎ)やかだ - 번화하다

正(ただ)しい, 倹(つま)しい - 검소하다

恋(こい)しい - 그립다, 乏(とぼ)しい ↔ 豊(ゆた)かだ

眩(まぶ)しい, はずかしい

恐(おそ)ろしい ↔ 優(やさ)しい, 懐(なつ)かしい - 그립다

慕(した)わしい, 夥(おびただ)しい - 많다, 과다하다

• 「**～かい**」

暖(あたた)かい,　やわらかい

• 「**～ましい**」

うらやましい,　のぞましい,　慎(つつ)ましい　↔　図々(ずうずう)しい

• 「**～らしい**」

めずらしい - 드물다,　素晴(すば)らしい,　誇(ほこ)らしい

ばからしい,　かわいらしい

• 「**～くさい**」

けちくさい,　ふるくさい,　めんどうくさい

「**～ない**」

みっともない,　おぼつかない,　なさけない,　もったいない - 아깝다,

危(あぶ)ない　↔　安全だ,　足(た)りない

• 「**～ぽい**」

あだっぽい,　いろっぽい,　わすれっぽい

• 「**○～○～しい**」

おもおもしい,　ずうずうしい,　そうぞうしい,　ばかばかしい

• **기타**

物凄(もの)すごい,　凄(すさ)まじい

〈별지-4〉 형용동사(形容動詞, Av)[4]

(1) 사물의 성질·상태를 나타낸다. (대부분 반대어가 있으며, 「형용사」의 의미와 흡사하다.)

(2) 기본형은 「~だ」로 끝난다.(우리말도 「~다」로 끝난다)

(3) 모델은 「~だ」「~かだ」「~らかだ」「~やかだ」의 형으로 된 것이 많다.

(4) 활용어미는 「だ」이다.[5]

(5) 다음과 같이 활용한다. (종지형은 기본형과 같다. 그러나 명령형은 없다. 활용형은 **未**然形 · 連**用**形 · **終**止形 · 連**体**形 · **仮**定形이 보인다.)

命	仮	終	体	きれい			用	未
×	なら(ば)	だ。	な+N	だ ↓ 아름답다	に なる・する	で ない / ある	だった	だろう

4) 「형용동사」의 명칭은 「ナ형용사」「제2형용사」「명사형용사」라고도 말한다.
5) 이 품사는, 일한사전에는 [形動ダ] [ダナ] [ダナノ] 와 같이 표시되어 있으므로 주의하자.
⇨ にぎやか[賑やか] [形動ダ]　しずか[静ずか] [ダナ]　しんせん(新鮮) [ダナノ]

⇨ **きれいだ (깨끗하다)**

きれいだろう (깨끗할 것이다, 공손어 きれいでしょう)

きれいだった (깨끗했다)　　きれいである (깨끗하다, 문장어)

きれいでない (깨끗하지 않다,

공손어 =きれいではないです, きれいではありません)

きれいになる (깨끗해진다)　きれいにする (깨끗하게 하다)

きれいだ。 (깨끗하다)

きれいなとき (깨끗할 때)

きれいなら(ば) (깨끗하다면)

(6) 「명사化」할 수 있다. (Av의 어간에「さ」「み」를 접속함 -- 「み」가 붙는 어휘는 적다. 또 어간이 「~的」으로 끝날 때에는 「さ」를 붙일 수 없다.)

⇨ 便利(べんり)さ, 静(しず)かさ, 華(はな)やかさ, 親切(しんせつ)さ, 積極(せっきょく)さ, 素朴(そぼく)さ, 豊(ゆた)かさ, 真面目(まじめ)さ, 新鮮(しんせん)み, ＊ 自動的さ(×)

(7) 「동사」化할 수 있다. (「~だ」→「~がる」로 바꾼다)

⇨ 嫌(いや)だ (싫다) → 嫌がる (싫어하다)

不思議(ふしぎ)だ (이상하다) → 不思議がる (이상해 하다)

得意(とくい)だ (자신만만하다) → 得意がる (자신만만해 하다)

億劫(おっくう)だ (귀찮다, 마음이 내키지 않다) → おっくうがる (귀찮아하다)

豪傑(ごうけつ)だ (통이 크다, 대담하다) → 豪傑がる (대담해 하다)

(8) **「Av(형용동사)」와 「N(명사)+だ」의 구별방법**

Av의 어간은, 경우에 따라 N로도 사용 가능하다. 그렇지만 N에 전부 「~だ」를 붙여 사용할 수는 없다. 그것은 語意가 사물의 상태와 성질을 나타내기 때문이다. 간단히 구별하는 방법으로 앞자리에「부사」를 붙여 문맥이 자연스럽다고 생각되면 Av가 될 수 있고, 그렇지 못하면 단순히 「N+だ」로 보면 된다.

⇨ 私は とても幸福だ。(○ ⇒ Av)

(나는 매우 행복하다.)

ここは とても ウルサンだ。(× ⇒ N+だ)

(여기는 매우 울산이다.)

(9) 특수하게 활용하는 「同じだ」는 연체형이 없다. (단, 조사 「ので」「のに」「の」는 「な」에 접속됨.)

⇨ 同じクラス(○) — 同じなクラス(×), 同じ子供(○) — 同じな子供(×), 同じなので(○), 同じなのに(○), 同じなの(○)

(10) A(형용사)의 어간과 Av의 어간이 같은 어휘도 있다.

⇨ 柔(やわ)らかい — 柔らかだ, 真(ま)ん丸(まる)い — 真ん丸だ, 四角(しかく)い — 四角だ, 暖(あたた)かい — 暖かだ, 真(ま)っ白い — 真(ま)っ白だ, 真(ま)っ青(さお)い — 真(ま)っ青だ, 細(こま)かい — 細かだ

(11) Av의 어간과 N가 동일한 어휘가 있다.

⇨ 健康(けんこう)な体 — 健康の体

幸(しあわ)せな家庭 — 幸せの家庭

(12) Av의 어간으로 글을 끝맺을 수 있다.

⇨ まあ、きれい。 (예쁘구나.)

やあ、すてき。 (야, 멋져.)

もう、けっこう。 (이제 그만.)

ああ、大変。 (야, 큰일이야.)

それは、残念。 (정말, 안됐네.)

(13) 형용동사(Av)의 어휘들 (108종)

형용동사는 일본고유系(和語)·한자어系(漢語)·1字한자어系·외래어系

로 분류할 수 있다. 특히 일본고유系에는 「～かだ」「～らかだ」「～やかだ」 등과 같이 독특한 형태가 많이 보인다. 그것이 「送(おく)り仮名(がな)」로 표기되기도 한다.

① 일본고유系

- **「～かだ」** — 静(しず)かだ, 豊(ゆた)かだ, 確(たし)かだ
- **「～らかだ」** — 朗(ほが)らかだ, 明(あき)らかだ, 滑(なめ)らかだ, 清(きよ)らかだ, 柔(やわ)らかだ, 安(やす)らかだ - 편안하다, 平(たい)らかだ - 평온무사하다
- **「～やかだ」** — 賑(にぎ)やかだ, 健(すこ)やかだ, 鮮(あざ)やかだ, 細(ほそ)やかだ, 艶(あで)やかだ, 穏(おだ)やかだ, 華(はな)やかだ - 화려하다, 円(まろ)やかだ - 둥글다, 煌(きら)びやかだ - 눈부시게 아름답다(화려하다)
- **「～だ」** — 奇麗(きれい)だ, 好(す)きだ, 大好(だいす)きだ, 嫌(きら)いだ, 嫌(いや)だ, 上手(じょうず)だ, 下手(へた)だ, 大切(たいせつ)だ, 盛(さか)んだ, まっすぐだ, 大変(たいへん)だ, 真(ま)っ青(さお)だ, 丈夫(じょうぶ)だ, 派手(はで)だ, 地味(じみ)だ - 수수하다, けちだ, 身近(みぢか)だ, 不思議(ふしぎ)だ, 出鱈目(でたらめ)だ, 大丈夫(だいじょうぶ)だ, 気(き)の毒(どく)だ - 가엾다, 一生懸命(いっしょうけんめい)だ, 億劫(おっくう)だ, 得意(とくい)だ, 結構(けっこう)だ, かわいそうだ, 平(たい)らだ - 평평하다, 素直(すなお)だ, 勝手(かって)だ, のんきだ, 余計(よけい)だ, そっくりだ, 真面目(まじめ)だ, 様々(さまざま)だ

② 한자어系

- **「N+だ」** — 元気(げんき)だ, 有名(ゆうめい)だ, 健康(けんこう)だ, 親切(しんせつ)だ, 自由(じゆう)だ, 立派(りっぱ)だ, 誠実

(せいじつ)だ, 便利(べんり)だ, 不便(ふべん)だ, 感心(かんしん)だ, 簡単(かんたん)だ, 広大(こうだい)だ, 多彩(たさい)だ, 大規模(だいきぼ)だ, 淡白(たんぱく)だ, 繊細(せんさい)だ, 純粋(じゅんすい)だ, 透明(とうめい)だ, 高貴(こうき)だ, 有益(ゆうえき)だ, 多様(たよう)だ, 新鮮(しんせん)だ, 無理(むり)だ, 残念(ざんねん)だ, 幸福(こうふく)だ, 適当(てきとう)だ, 愉快(ゆうかい)だ, 貧乏(びんぼう)だ, 正直(しょうじき)だ, 貴重(きちょう)だ, 必要(ひつよう)だ, 平和(へいわ)だ, 困難(こんなん)だ, 妖艶(ようえん)だ, 希薄(きはく)だ, 厳格(げんかく)だ, 豪傑(ごうけつ)だ -- 대담하다

- 「~的だ」— 神秘的(しんぴてき)だ, 社会的(しゃかいてき)だ, 印象的(いんしょうてき)だ, 衛生的(えいせいてき)だ, 自動的(じどうてき)だ, 国際的(こくさいてき)だ, 独創的(とくそうてき)だ, 代表的(だいひょうてき)だ, 本格的(ほんかくてき)だ, 世界的(せかいてき)だ

③ 1字한자어系

- 急(きゅう)だ, 変(へん)だ, 楽(らく)だ, 妙(みょう)だ, 希(まれ)だ

④ 외래어系

- スマートだ, テリケートだ, ハンサムだ

〈별지-5〉 일본어의 경어(敬語)

(* 약어 → N : 명사, V : 동사, 助v : 조동사, V用 : 동사의 連用形(ます形)을 말함.)

	경어 형식	尊敬語	謙譲語	丁寧語 (공손어)	* 美化語
1	型	お+V用+になる: お見えになる (くる) おいでになる (=いく,でる,いる,くる) `おいで' ご+漢語N+になる :ご覧(らん)になる ～てくださる (14과) = お～くださる お+V用+ですか :お帰(かえ)りですか お+V用+なさる : およみなさる お+V用+なさい : およみなさい	お+V用+する : お願いする お+V用+いたす : お願いいたす ご+漢語N+いたす : ご案内いたす お+V用+申し上げる : お見送(みおく)り申し上げる ご-------- V+(さ)せてもらう V+(さ)せていただく (17과2)	(です) → であります → でございます, あります, ございます	
2	단어	N : あなた V : くださる (くれる) - 14과 いらっしゃる (いく、いる、くる) おっしゃる (いう) なさる (する) (たべる) → あがる → めしあがる 助V : (ら)れる : 買われる	私(わたくし) (やる)→上げる→差(さ)し上げる 参(まい)る (いく、くる) いただく (たべる, もらう) 言う → 申(もう)す → 申し上げる いたす(する) 拝見(はいけん)する(見る) うかがう(たずねる, 聞く) 存(ぞん)じる(知る, 思う)	おる です, ます, ませ :いらっしゃいませ	
3	접두어·접미어	* お+和語N ご+漢語N 1. おいくつ, お名前 ご案内, ご両親, ご意見, ご住所, ご返事, ご出産 2. 様(さん, さま) : おくさん, おうさま 先生さん(×) 方(がた) : あなたがた 殿(どの) : 人事課長殿 氏(し) : 田中氏	お知(し)らせ ご案内	お部屋 おかばん	お酒 お米 お茶 おさら おぼん ご飯 お天気

〈별지-6〉 수수(授受)동사 (Give and Take)

[가형]

A=B　　A<B

A→B　　A→B

やる　　あげる　　さしあげる(겸양어)

(주다)　　(드리다)　(드리다)

⇨ Aは Bに おかねを やる。(A는 B에게 돈을 주다.)

Aは Bに おかねを あげる。(A는 B에게 돈을 드리다.)

Aは Bに おかねを さしあげる。(A는 B에게 돈을 드리다.)

[나형]

A=B　　A<B

A←B　　A←B

くれる　　くださる(존경어)

(주다)　　(주시다)

⇨ Bは Aに おかねを くれる。(B는 A에게 돈을 주다.)

Bは Aに おかねを くださる。(B는 A에게 돈을 주시다.)

[다형] → 일본어의 특징

A=B　　A<B

A←B　　A←B

もらう　　いただく(겸양어)

(받다)　　(받다)

⇨ Aは (Bに) おかねを もらう。(A는 B에게 돈을 받다.)
(= Bは Aに おかねを くれる。) (= B는 A에게 돈을 주다.)
Aは (Bに) おかねを いただく。(A는 B에게 돈을 받다.)
(= Bは Aに おかねを くださる。) (= B는 A에게 돈을 주시다.)

* 〔나형〕과 〔다형〕은 의미는 같다. 행위의 주체자(Bに)는 자주 생략되고 있는 것에 주의하자. 그러나 일본인들은 〔다형〕의 표현을 많이 사용한다. 그럴 경우 항상 〔나형〕으로 고쳐 생각하면 이해하기 쉽다.

* 또한 「～てやる」「～てあげる」「～てさしあげる」「～てくれる」「～てくださる」「～てもらう」「～ていただく」와 같이 보조동사로 사용될 때가 많으며, 위와 같은 동일한 형식으로 사용하면 된다.

⇨ Aは Bに 日本語を 教えてやる。(A는 B에게 일본어를 가르쳐주다.)
Aは Bに 日本語を 教えてあげる。(A는 B에게 일본어를 가르쳐 드리다.)
Aは Bに 日本語を 教えてさしあげる。(A는 B에게 일본어를 가르쳐 드리다.)

⇨ Bは Aに 日本語を 教えてくれる。(B는 A에게 일본어를 가르쳐 주다.)
Bは Aに 日本語を 教えてくださる。(B는 A에게 일본어를 가르쳐 주시다.)

⇨ Aは (Bに) 日本語を 教えてもらう。(A는 B에게 일본어를 가르쳐 받다.)
(= Bは Aに 日本語を 教えてくれる。) (B는 A에게 일본어를 가르쳐 주다.)
Aは (Bに) 日本語を 教えていただく。(A는 B에게 일본어를 가르쳐 받다.)
(= Bは Aに 日本語を 教えてくださる。) (B는 A에게 일본어를 가르쳐 주시다.)

색 인

한국어

〈가나다순〉

일본어

〈오십음순〉

〈한자의 한글음순〉